RECUEIL DE RAPPORTS

SUR

LES PROGRÈS DES LETTRES ET DES SCIENCES

EN FRANCE.

PARIS,

LIBRAIRIE DE L. HACHETTE ET CIE,

BOULEVARD SAINT-GERMAIN, N° 77.

RECUEIL DE RAPPORTS

SUR

LES PROGRÈS DES LETTRES ET DES SCIENCES

EN FRANCE.

SCIENCES HISTORIQUES ET PHILOLOGIQUES.

PROGRÈS DES ÉTUDES

RELATIVES

A L'ÉGYPTE ET A L'ORIENT.

PUBLICATION FAITE SOUS LES AUSPICES
DU MINISTÈRE DE L'INSTRUCTION PUBLIQUE.

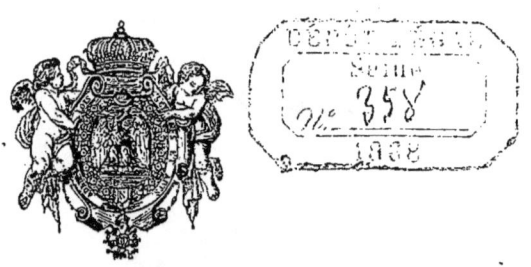

PARIS.

IMPRIMÉ PAR AUTORISATION DE SON EXC. LE GARDE DES SCEAUX

A L'IMPRIMERIE IMPÉRIALE.

M DCCC LXVII.

LETTRE

A SON EXCELLENCE M. LE MINISTRE

DE L'INSTRUCTION PUBLIQUE.

Monsieur le Ministre,

A l'occasion du concours ouvert à Paris, en 1867, par l'Exposition universelle, à l'industrie, aux arts, à toutes les manifestations du génie humain dans l'ordre matériel et dans le monde entier, vous avez pensé qu'il serait d'un utile exemple que la France présentât le tableau des progrès accomplis par elle, dans l'ordre intellectuel, pendant le second tiers de ce siècle. Ainsi serait renouée, autant qu'il se pouvait, la tradition trop tôt interrompue des célèbres rapports présentés par les différentes classes de l'Institut, en 1810, à l'empereur Napoléon Ier.

Vous avez donc demandé à un certain nombre de membres de ce grand corps et de savants, de professeurs, de littérateurs du dehors, l'exposé substantiel des travaux de l'esprit, durant cette période, à savoir, des découvertes de la science pure et appliquée, de celles de l'érudition et de la critique historique, enfin de la marche des idées en philosophie, aussi bien que des œuvres d'art produites dans le double domaine de l'histoire et des lettres proprement dites.

INTRODUCTION.

Plusieurs de mes confrères de l'Académie des inscriptions et belles-lettres, et quelques érudits qui marchent dignement sur leurs traces, ont répondu à votre appel. D'après le désir exprimé par eux, j'ai accepté la mission délicate, mais que leur confiance et la vôtre, Monsieur le Ministre, m'ont rendue facile, de rapprocher les rapports partiels remis entre mes mains, d'en faire une révision attentive, d'en former une suite, sinon un ensemble, qui puisât son autorité dans la compétence spéciale des rédacteurs, tandis que l'œuvre de l'éditeur (je ne dois ni ne veux assumer ici d'autre titre) se bornerait à en constater devant vous les résultats.

C'est ce qu'il me sera donné de faire, j'espère, dans un rapport général sur les progrès des sciences historiques et philologiques en France, quand j'aurai pu en réunir tous les éléments. En attendant, Monsieur le Ministre, j'ai l'honneur de vous présenter une première série d'Exposés concernant les études relatives à l'Égypte et à l'Orient. Elle sera bientôt suivie d'une seconde, concernant l'antiquité classique et le moyen âge, et qui comprend les langues, la littérature et l'histoire. Une troisième sera principalement archéologique, embrassant les monuments écrits et les monuments figurés, soit du monde grec, soit du monde romain, et aussi du moyen âge, qui rentrent les uns et les autres dans l'histoire, surtout par l'épigraphie et la numismatique. Déjà l'*Exposé des progrès de l'archéologie figurée classique*, par M. Alfred MAURY, publié à part et le premier de tous, a anticipé cette troisième série.

La première commence naturellement par l'*Exposé de l'état actuel des études égyptiennes*, dû à M. le vicomte E. DE ROUGÉ. Disciple à distance, mais disciple fidèle de Champollion, l'immortel fondateur de ces études, il a renouvelé au Collége de France la tradition d'un enseignement resté, avant lui, presque tout entier dans les livres du maître. Il lui appartenait de retracer les conséquences de sa découverte, les développements considérables qu'a pris chez nous et chez nos voisins, depuis vingt ans, l'*égyptologie*, d'en marquer les progrès dont une grande part lui revient. Il l'a fait avec une concision lumineuse, une circonspection savante, une haute impartialité, tant pour la méthode du déchiffrement des textes, aujourd'hui fixée de tout point, que pour les résultats si neufs acquis, par la lecture de ces textes, à l'histoire écrite la plus ancienne du monde; pour la chronologie, dont les bases se posent peu à peu; pour l'archéologie de l'art, à laquelle les découvertes récentes de l'infatigable et savant explorateur M. Mariette ont fourni de si précieuses lumières. La religion elle-même de l'Égypte, dans l'infinie variété de ses formes mythologiques, laisse entrevoir le principe profondément mystique qui les engendra.

Si les écritures hiéroglyphiques, malgré la complication de leurs éléments et la variété apparente de leurs formes graphiques, se sont laissé ramener, sous l'œil perçant du génie, à l'unité d'un même système et d'une même langue déjà connue, on ne saurait en dire autant des inscriptions nommées par les modernes *cunéiformes*. Ici l'élément graphique est simple et uniforme dans ses combinaisons multipliées; mais les applications diffèrent selon les langues diverses qu'il est destiné à représenter et qui restaient elles-mêmes à découvrir. De là la difficulté capitale du déchiffrement. Trois systèmes distincts de signes, correspondant à trois systèmes de langues, dans un même mode général d'écriture diversement appliqué, ont été dévoilés, l'un après l'autre, d'une manière plus ou moins complète : le perse d'abord, qui est devenu la lumière des deux autres, grâce aux inscriptions trilingues des Achéménides, puis le médique ou médo-scythique et l'assyrien, comprenant le babylonien. Il a fallu les efforts réunis d'hommes d'une rare pénétration et d'un profond savoir philologique, pour résoudre cette série de problèmes de plus en plus compliqués, où l'alphabet proprement dit du premier système, le plus simple des trois et le plus récent, succède au syllabisme du système médique et de l'assyrien, l'un et l'autre admettant dans une proportion plus forte, à mesure qu'on remonte plus haut, le mélange des signes idéographiques parmi les caractères purement phonétiques. C'est à l'un de ces hommes et de ceux qui ont marqué leur trace avec éclat dans cette œuvre si complexe, que revenait le droit d'en esquisser ici l'histoire en quelques traits rapides. M. DE SAULCY l'a fait avec une autorité qui prend sa source à la fois dans sa compétence bien établie et dans la manière loyale dont il rend justice aux succès de ses rivaux. Nul avec plus de plaisir n'a reconnu le haut mérite des travaux de M. Oppert qui, après avoir mis le sceau à l'explication des textes achéménides, passant aux inscriptions de Babylone et de Ninive, a essayé d'en constituer la théorie, fruit d'une suite de déchiffrements de plus en plus heureux, tandis qu'il parvenait à en déduire les règles de la grammaire assyrienne. C'est là, entre bien d'autres, l'éminent service rendu, par un savant que la France a depuis longtemps adopté, à la science nouvelle de l'*assyriologie* qu'il a tant contribué à fonder.

Aussi l'illustre orientaliste, lui aussi un Français d'adoption, M. MUNK, lorsqu'il exposait, dans le rapport qui devait être le dernier fruit de ses laborieuses veilles, les progrès faits en France par les études sémitiques depuis vingt-cinq ans, n'a-t-il pas hésité, sur l'évidence des faits philologiques constatés par M. Oppert, à classer l'assyrien parmi les langues de cette famille. Il a saisi cette occasion de rendre un nouvel hommage à ses devanciers et à ses émules parmi nous, tout en reconnaissant la part considérable prise par nos voisins à l'œuvre commune. Quant à lui, se bornant strictement d'ailleurs, trop strictement peut-être, au programme qui lui était donné, il a énuméré et caractérisé les publications les plus importantes faites chez nous sur l'hébreu, le phénicien, l'araméen, l'himyarite ou l'ancienne langue de l'Yémen, l'éthiopien, qui en est dérivé : nous venons d'ajouter l'assyrien. L'arabe, qu'il possédait à fond avec la littérature, l'histoire, la philosophie de ce grand peuple venu tard dans la carrière de la civilisation, il l'a laissé à un savant qui en avait fait, ainsi que du persan, son domaine exclusif, et qui l'a suivi de près dans la tombe. Du reste, M. Munk, ayant à retracer l'état des études hébraïques en France, s'est expliqué avec autant d'indépendance que de mesure sur les causes qui en ont arrêté jusqu'à ces derniers temps le progrès, et il ne s'est montré ni moins modéré ni moins ferme dans son jugement sur certains excès de critique qui pourraient le compromettre. Conduit naturellement à parler de l'exégèse propre aux Juifs, et de ses travaux personnels sur quelques-uns de ces libres penseurs qui furent au moyen âge les précurseurs de l'exégèse moderne, il l'a fait avec la profondeur de savoir qu'il y avait montrée et avec la parfaite modestie qui était dans son caractère. Aussi faut-il attribuer à l'admiration de M. Renan, qui a bien voulu m'assister dans la révision du rapport de notre confrère, les justes éloges qu'il paraît donner lui-même, soit à son beau travail sur Moïse Maimonide, soit à ses remarquables essais d'épigraphie phénicienne. Ce qu'il eût pu faire, malgré la perte de sa vue, pour le recueil national d'inscriptions sémitiques que l'Académie prépare et que vous encouragez, Monsieur le Ministre, nous le savions tous.

M. Reinaud, dans son rapport également posthume et que m'a aidé à revoir et à compléter le savant M. de Slane, son continuateur pour l'un de nos plus grands recueils académiques, a exposé l'ensemble des travaux faits chez nous sur la langue et la littérature arabes, depuis Silvestre de Sacy qui fut un chef d'école pour toute l'Europe. Cet exposé est principalement celui des services incontestables que son successeur à notre École des langues orientales a rendus, par un labeur de près de quarante ans, à la connaissance de l'histoire et de la géographie de l'Orient, puisée aux sources arabes et persanes, et dont il a étendu la sphère par des rapprochements plus heureux en Orient même qu'en Occident. Il n'en a pas moins reconnu et fait ressortir, autant qu'il était en lui, les mérites de ses éminents devanciers, comme Étienne Quatremère et M. Caussin de Perceval, de rivaux tels que M. de Slane et M. Munk, et surtout des nombreux disciples qu'il se glorifiait d'avoir formés.

L'un des plus distingués parmi ces derniers, M. Defrémery, a bien voulu, à ma prière, rédiger, comme une suite nécessaire du rapport de M. Reinaud sur la littérature arabe, un appendice sur la littérature persane, auquel on ne reprochera que d'être trop court. Ce fut Étienne Quatremère qui, pendant vingt-cinq ans, tint chez nous le sceptre de cette étude, après son illustre maître, Silvestre de Sacy. De nos jours, M. J. Mohl en a repris au Collége de France la grande tradition, et c'est surtout dans ses *Rapports annuels* à la Société asiatique de Paris qu'il faut chercher l'historique du renouvellement général qui s'est opéré non-seulement en France, mais en Allemagne et ailleurs, dans cette branche de la philologie orientale comme dans plusieurs autres. Pour la connaissance de la littérature persane à toutes les époques, ses travaux se rattachent, par la communauté d'esprit et de méthode, aussi bien que par le sujet, à ceux d'Eugène Burnouf sur les idiomes et les traditions antiques de l'Iran et de l'Inde. A côté de son édition monumentale en persan et en français du *Chahnameh* de Firdousi, précieux trésor de la poésie héroïque et légendaire de la Perse, il suffit de rappeler ses *Fragments relatifs à Zoroastre*, publiés en 1834, et ses articles communiqués au *Journal Asiatique* depuis nombre d'années.

Parmi ces Exposés, celui de M. Dulaurier sur les progrès et l'état actuel des études arméniennes est assurément l'un des plus neufs, les plus intéressants et les plus complets, quoiqu'il se soit borné, lui aussi, à la France. L'étude de la langue arménienne a pris de nos jours une importance nouvelle pour la philologie comparée, depuis qu'il a été reconnu que cette langue est un des plus vieux rameaux de la tige féconde des idiomes indo-européens, et depuis que les inscriptions cunéiformes non encore déchiffrées de Van et d'autres lieux ont fait espérer sur son état ancien, et sur l'histoire du peuple qui la parlait, des indices contemporains des empires d'Assyrie ou de Perse. Il est à désirer que M. Dulaurier applique la pénétration de son esprit et ses connaissances paléographiques et linguistiques à l'explication de ces monuments, lui qui jadis avait abordé avec succès l'étude de l'idiome antique de l'Égypte par les papyrus coptes.

En attendant, le savant professeur a donné à l'enseignement de la langue et de la littérature arméniennes relativement modernes, comme l'écriture qui nous les a transmises, un caractère qu'il n'avait point eu encore à notre École des langues orientales. Il a tracé ici de la marche de ces études chez nous, depuis la fondation, en 1811, de la chaire qu'il occupe aujourd'hui, un tableau d'ensemble où le nom de Saint-Martin figure avec les honneurs dus à l'un des érudits les plus distingués de l'époque qui précéda la nôtre. Saint-Martin, dans ses *Mémoires* aussi bien que dans d'autres ouvrages, éclaira de vives lumières l'histoire et la géographie de l'Arménie par sa connaissance étendue des sources orientales et grecques. Plus philologue que lui, M. Dulaurier a poursuivi sa voie avec des ressources nouvelles de tout genre, et, rival de ses maîtres, les savants mékhitaristes de Venise venus à Paris, il s'est principalement appliqué à mettre au jour les œuvres des auteurs arméniens, si précieux pour l'histoire de l'Orient au moyen âge et en particulier pour l'histoire des croisades. Il y a joint des recherches chronologiques qui sont pour ces auteurs un guide aussi sûr que nécessaire. S'il expose ses propres travaux avec quelque complaisance, s'il est quelquefois sévère pour ceux des autres, il ne l'est guère qu'à bon droit et par un vif sentiment de l'importance de la critique dans des études trop souvent compromises par l'ignorance ou la légèreté.

L'exposé des progrès qu'a faits de nos jours, et chez nous particulièrement, la connaissance de la langue, de la littérature, des sciences et des arts de la Chine, s'il prend souvent le caractère d'une de ces autobiographies qui n'ont point encore passé de mode en Allemagne, n'en doit pas moins être considéré comme impersonnel. Nul autre que M. Stanislas Julien n'eût pu en parler avec une compétence égale à la sienne; nul autre tant soit peu versé dans les études qu'il cultive depuis quarante ans avec une incomparable supériorité n'eût pu le faire sans reconnaître les services de tout genre qu'elles doivent à cet éminent sinologue. Il raconte avec une simplicité naïve comment lui vint la révélation de ce merveilleux instinct des langues qui devait faire de lui un disciple si supérieur à son maître sous ce rapport, quoique ce maître fût Abel Rémusat, le Voltaire de l'érudition : ainsi l'a nommé une de ces voix qui décernent la louange au nom de la postérité. M. Julien, par ses immenses lectures des textes de toutes les époques et de tous les genres de la littérature chinoise, par ses laborieux dépouillements des commentaires et des lexiques, par ses traductions achevées des systèmes philosophiques comme des poésies, des traités techniques comme des récits populaires, enfin par la découverte de la méthode de transcription des noms sanscrits en caractères chinois phonétiques, employés alphabétiquement en d'importantes relations de voyages des pèlerins bouddhistes dans l'Inde, a fait jaillir la lumière en tout sens sur des idées, des œuvres, des faits ou mal connus ou à peine soupçonnés jusqu'ici. L'horizon de la pensée chinoise, son activité intellectuelle ou matérielle, politique ou religieuse, au dedans et au dehors d'un si vaste empire, en ont été également éclairés.

M. Julien, pas plus que son maître, n'avait séparé le mandchou du chinois dont il est l'utile auxiliaire, étant une langue alphabétique. M. Léon Feer, disciple de M. Éd. Foucaux, et versé dans les études tibétaines et mongoles aussi bien que dans le sanscrit, qui est leur lumière à d'autres égards, a bien voulu se charger d'exposer le mouvement de ces études liées étroitement l'une à l'autre. Il l'a fait pour la France et pour l'Europe, avec autant de savoir que de jugement, en quelques pages substantielles, où il retrace les travaux divers des missionnaires, des voyageurs, des savants, et les suites de l'impulsion féconde donnée par la Société asiatique de Paris depuis sa fondation en 1822. C'est de nos jours surtout que le vaste domaine des langues appelées tour à tour tartares et touraniennes, noms qui ne sont guère moins vagues que celui des Scythes dans l'antiquité, a commencé à se dévoiler et à se définir, ouvrant pour la science des perspectives nouvelles, d'une part sur l'origine des écritures cunéiformes, d'autre part sur l'œuvre civilisatrice du bouddhisme parmi les populations de l'Asie centrale.

Quand on parle de sanscrit et de bouddhisme, se réveille de lui-même le souvenir d'Eugène Burnouf dont la carrière sitôt interrompue, mais si glorieusement remplie, a tant contribué, par l'enseignement comme par les livres, au double progrès opéré depuis un quart de siècle dans la philologie indo-européenne et dans l'histoire religieuse de l'Orient. Un ancien élève de notre École normale supérieure, M. Michel Bréal, disciple au second degré de ce maître, et, en Allemagne, des Bopp, des Lassen, des Jacob Grimm, a tracé de ces grandes études, qu'il représente aujourd'hui chez nous pour sa part, une esquisse historique aussi sobre que lumineuse. Il y a compris cette science nouvelle encore de la grammaire comparée, dont Burnouf fut un des fondateurs, et dont lui-même M. Bréal se montre aujourd'hui le fidèle interprète dans la chaire judicieusement transportée par vous, Monsieur le Ministre, au Collége impérial de France. Il a rendu, dans son rapport, un juste hommage aux travaux de M. Adolphe Regnier, qui appliquait cette science féconde à nos études classiques, à celle des vieux idiomes germains, en même temps qu'il en sondait les sources premières dans ses savantes analyses de la langue et de la grammaire des Védas.

Vous le voyez, Monsieur le Ministre, la forte impulsion donnée en France aux études orientales dès l'aurore de ce siècle, par le contre-coup de l'expédition d'Égypte, puis, après le rétablissement de la paix européenne, par les libres communications des peuples et l'initiative de quelques hommes supérieurs, n'a pas cessé de produire ses effets. L'école de Silvestre de Sacy, celle de Champollion, celle d'Abel Rémusat, celle d'Eugène Burnouf, ont gardé parmi nous de dignes représentants. D'une part, la philologie comparée, appliquée aux langues sémitiques, comme aux langues indo-européennes, d'autre part l'interprétation des inscriptions cunéiformes avec toutes ses conséquences historiques, sont des voies nouvelles de la science où la France est entrée largement, où elle ne s'arrêtera pas, grâce aux encouragements qui ne peuvent lui manquer sous une administration aussi éclairée que la vôtre et sous un prince qui a donné aux lettres savantes des gages personnels.

Veuillez, Monsieur le Ministre, agréer l'hommage de mes vieux et dévoués sentiments.

Paris, le 1ᵉʳ décembre 1867.

J. D. GUIGNIAUT,

Secrétaire perpétuel de l'Académie des Inscriptions et Belles-Lettres

EXPOSÉ DE L'ÉTAT ACTUEL

DES

ÉTUDES ÉGYPTIENNES.

§ 1ᵉʳ. PROGRÈS DU DÉCHIFFREMENT DES TEXTES ÉGYPTIENS PENDANT LES ANNÉES 1846-1866.

Les premières années qui suivirent la mort de Champollion marquent pour la science égyptienne un temps d'arrêt trop naturel. Cette fin prématurée interrompit même la marche de la science plus longtemps qu'on ne l'aurait supposé. De ses ouvrages, les uns avaient été dérobés, les autres furent publiés très-incomplétement et sans la correction nécessaire. Le manuscrit des notices descriptives, trésor inappréciable, dans lequel étaient déposés provisoirement les premiers fruits de ses immenses travaux en Égypte, ne fut publié d'abord qu'avec des coupures injustifiables, et la partie la plus riche en documents est même restée complétement inédite, au mépris des droits éclatants de la famille et des souscripteurs. La science fut donc privée de toute manière des secours nécessaires à une reprise immédiate. Il fallut d'ailleurs de longues années aux disciples pour se mettre au niveau des derniers progrès du maître.

Rosellini, dans son grand ouvrage[1], appliqua très-péniblement ce qu'il avait pu recueillir des leçons de Champollion, et ce n'est que vers la fin de sa publication qu'à l'aide d'un travail assidu ce

---

[1] *Monum. dell' Egitto e della Nubia,* etc.

savant commença à rencontrer des élans personnels plus heureux, en se livrant à ses propres forces pour l'interprétation des textes; c'est alors que la mort vint l'arrêter à son tour dans une voie pleine de promesses.

Que dire de Salvolini? C'est encore une mort prématurée qui vint dévoiler la véritable source de ses meilleures publications. Toutefois les manuscrits de Champollion retrouvés chez Salvolini apportèrent à la science de nouveaux aliments, et le dictionnaire de Champollion put être publié (1841); il est loin toutefois de renfermer tout ce qu'une main pieuse et éclairée eût pu glaner dans ses manuscrits restés inédits.

Cependant l'Égypte, vers cette époque, attira de nouveau l'attention des savants, et une pléiade d'égyptologues se forma dans les divers centres scientifiques de l'Europe. M. Lepsius, qui avait publié dès l'année 1837, dans les Annales de l'Institut archéologique de Rome, sa lettre à Rosellini, travail didactique d'une grande portée, agita l'école de Berlin en faveur de la nouvelle science. MM. Hincks et Birch commençaient à ce même moment à publier en Angleterre des travaux spéciaux sur l'Égypte, et n'ont pas cessé depuis lors d'y entretenir le feu sacré. Enfin M. Leemans, directeur du musée de Leyde, dans sa lettre à Salvolini (1838), faisait déjà faire à l'histoire des pas considérables, et montrait pour l'intelligence des monuments égyptiens une aptitude qui fait vivement regretter que ce savant n'ait pas consacré une plus grande part de sa vie au développement de l'archéologie égyptienne. On sentit généralement alors la nécessité de compléter les recherches de Champollion, en explorant l'Égypte à l'aide du flambeau qu'il avait allumé, et l'Angleterre et l'Allemagne entreprirent à leur tour de grandes publications de monuments originaux. On vit paraître le bel ouvrage où fut exposé tout le fruit de l'exploration des pyramides par le capitaine Caviglia, l'ingénieur Perring et le colonel Howard Wyse (1839-1842). Le roi de Prusse, zélé pour la science, pourvut de son côté, avec une munificence toute royale, aux frais d'une grande expédition dirigée par M. Lepsius. La publication des *Denkmäler aus Ægypten und Æthiopien*, terminée en 1856, vint plus tard couronner l'œuvre et en assurer les résultats à la science. Il ne faut pas oublier que la France avait ouvert sur une grande échelle cette voie de l'exploration archéologique de l'Égypte par les travaux de la commission d'Égypte et par ceux de Champollion, à la suite de son voyage. Si la publication des monuments originaux fut chez nous interrompue, ce n'est pas que les érudits français aient faibli ou manqué pour les recherches pénibles ou périlleuses. Les cartons de Champollion contenaient encore une foule d'inscriptions que les étrangers ont été copier en Égypte et qu'ils ont publiées depuis sa mort. La moisson était préparée, mais la loi qui en avait ordonné la publication ne fut exécutée que bien imparfaitement, au grand dommage de la science.

Nestor L'hôte, qui s'était dévoué à son tour pour compléter l'exploration de certains points que la maladie n'avait pas permis à Champollion de visiter en détail, fut également victime de son zèle. Ses dessins et ses empreintes restèrent également inédits. M. Prisse d'Avesnes achevait dans le même temps une longue et féconde exploration. Plus heureux que Nestor L'hôte, il put échapper aux dangers d'un long travail sous ce climat brûlant et rapporter de riches matériaux.

La responsabilité des savants français doit donc être pleinement dégagée en ce qui les concerne; mais les crises politiques ne sont pas favorables aux grandes publications scientifiques, qui ne peuvent se passer de l'appui du gouvernement.

Entre 1840 et 1845, il est visible que la nouvelle école égyptologique se recueille; on s'occupe surtout de préparer les matériaux nécessaires pour soutenir honorablement la lutte qui va s'ouvrir et le grand combat qu'on doit livrer. La France, qui avait été à peu près seule jusque-là (sauf le concours de la Toscane, pour Rosellini) à publier des textes originaux, est suivie par ses voisins. M. Lepsius fait lithographier le bel exemplaire du rituel hiéroglyphique appartenant au musée de Turin [1]; il édite en même temps un choix des monuments historiques les plus nécessaires à l'histoire [2]. Le père Ungarelli fait graver les obélisques de Rome, sujet, quarante-cinq ans auparavant, du savant travail de Zoëga [3]; mais l'interprétation qui accompagne les textes publiés par l'archéologue italien ne marque aucun progrès [4]. M. Leemans commence la publication continuée jusqu'à nos jours des monuments du musée de Leyde, très-riche en objets et en manuscrits égyptiens. En Angleterre, les recherches sur les pyramides sont publiées dans le magnifique ouvrage du colonel Howard Wyse [5]. Les monuments du *British Museum* commençaient également à être publiés par Arondel et Bonomi, et cet établissement rendit à la science un service incalculable en éditant par la lithographie les papyrus qu'il avait acquis dans les collections Sallier et Anastasy. M. Samuel Sharpe commençait aussi ses séries d'inscriptions égyptiennes de toutes provenances, qu'il n'a cessé depuis d'enrichir [6]. Les arts et les sciences trouvent toujours en Angleterre de généreux protecteurs, et il serait trop long d'énumérer ici les publications partielles de monuments égyptiens dans ce pays. En Allemagne, nous nous bornerons à citer les recueils de monuments démotiques publiés par M. Brugsch et le texte des papyrus de la XIIme dynastie, insérés par M. Lepsius dans les dernières livraisons des *Denkmäler aus Ægypten*. La France n'a malheureusement pas conservé l'élan dont elle avait fait preuve à l'époque de l'expédition d'Égypte et aux débuts de la science, et les efforts particuliers n'ont pu que faiblement suppléer à l'impulsion d'en haut.

On doit cependant citer avec éloge le *Choix de monuments* publié en 1836 par M. Prisse, dont le crayon élégant et fidèle était sans

---

[1] *Das Todtenbuch der Ægypter*, Leipzig, 1842.

[2] *Auswahl der wichtigsten*, etc. Leipzig, 1842.

[3] *De origine et usu obeliscorum ad Pium VI*, Romæ, 1797, in-fol.

[4] *Interpretatio obeliscorum urbis Romæ*, 1842.

[5] *The Pyramids of Gizeh*, 1839-1842.

[6] S. Sharpe, *Ægyptian inscriptions*, 1837-1848.

rival pour la reproduction des hiéroglyphes. Ce même savant artiste publia le *fac-simile* du papyrus le plus ancien que la science ait recueilli et qu'il avait donné à la Bibliothèque impériale. Quelques inscriptions nouvelles furent aussi le fruit des voyages de M. Green et de M. Lottin de Laval. Le regrettable M. Duprat avait entrepris, avec la coopération de M. de Rougé, la publication d'une édition complète du rituel funéraire d'après le manuscrit hiératique le plus étendu du musée du Louvre. La mort de l'éditeur a interrompu (mais passagèrement, on peut l'espérer) cette publication d'une incontestable utilité.

C'est avec les fouilles de M. Mariette dans les souterrains du Sérapéum que commence pour la France une série de découvertes d'une importance sans égale et dont nous parlerons plus loin, mais dont malheureusement la connaissance complète et les grands résultats se font toujours attendre du monde savant[1].

Nous n'aurons que des regrets à exprimer en ce qui touche la publication des textes coptes, base nécessaire de toute étude sur les idiomes plus anciens de l'Égypte. D'excellents travaux exécutés en France sont restés inédits. Le dictionnaire de M. Quatremère, fruit d'un immense travail, appartient aujourd'hui à une bibliothèque étrangère, et des études très-remarquables dues au zèle de M. Dulaurier sont également restées inconnues du public. C'est donc uniquement à l'Angleterre et à l'Allemagne que nous devons les éditions successives des livres coptes et la traduction du livre gnostique de la *Fidèle Sagesse*, d'une couleur mystique si curieuse.

Les meilleurs travaux sur la grammaire et sur le dictionnaire coptes sont encore aujourd'hui ceux de M. l'abbé Peyron, de Turin. M. Schwartze n'a pu mettre la dernière main à sa grammaire copte, qui, tout en promettant quelques utiles éclaircissements, n'était pas néanmoins ce qu'on pouvait attendre des progrès de la philologie. Les études récentes de M. Ewald *sur le verbe copte* sont frap-

---

[1] Les deux premiers volumes sont aujourd'hui presque entièrement terminés.

pées à un type bien plus élevé et montrent la voie véritable des explications fécondes.

Ayant été, après tout, mis en possession de matériaux considérables, les égyptologues ont pu aborder d'une manière plus décisive la grande lutte contre les difficultés des textes. A la mort de Champollion, le livre n'avait perdu que quelques-uns de ses sceaux, il fallait briser les autres. Dans l'écriture hiéroglyphique, on connaissait les principes de la lecture, et toutes les lettres simples étaient définies. On était également en possession d'une certaine quantité de caractères idéographiques et de mots très-nombreux dans l'expression desquels l'idée est intimement jointe au son. La grammaire avait été largement ébauchée par Champollion; mais le dictionnaire n'était encore ouvert qu'à un petit nombre de pages. Une investigation ardente et sans relâche va commencer de toutes parts; il faut vérifier, contrôler les résultats acquis, et disséquer tous les textes nouveaux pour augmenter les conquêtes.

En France, MM. Charles Lenormant et Nestor L'hôte; en Italie, Rosellini, suivent les traces du maître et s'y attachent un peu trop servilement. Salvolini, voulant au contraire faire preuve d'indépendance, exagère jusqu'à l'absurde les défauts de méthode qu'on pouvait quelquefois reprocher à Champollion. M. Lepsius réagit heureusement contre ces défauts dans la Lettre à Rosellini[1], où il donna les preuves de son esprit si critique et si exercé aux disciplines philologiques.

Cette tentative, dont le but avéré était de mieux régler les premiers pas de la science, réussit complétement. On peut affirmer que Champollion, s'il avait pu donner à ses dernières études leur expression exacte, n'aurait pas désavoué les règles plus rigoureuses que M. Lepsius venait de formuler. Néanmoins les applications fécondes de la méthode furent d'abord très-rares. C'est dans les premières publications de M. Birch qu'on commence à remarquer la

---

[1] *Annales de l'Institut archéologique,* Rome, 1837.

définition exacte de quelques groupes nouveaux et la traduction plus complète des phrases égyptiennes. Les interprétations de divers passages proposées par M. Hincks, de Dublin, se distinguèrent bientôt par une grande hardiesse souvent suivie de succès. D'autres savants anglais, bien moins avancés dans la connaissance des textes antiques, contribuèrent toutefois à entretenir, en Angleterre plus que partout ailleurs, le goût pour les études égyptiennes.

Les savants allemands ne se montrèrent pas aussi zélés pour les hiéroglyphes. M. Lepsius lui-même, occupé du dépouillement des immenses matériaux historiques entassés devant lui et des travaux nécessaires à l'édifice régulier de la chronologie, n'a publié aucune grande traduction suivie d'analyse pendant toute la période qui nous occupe.

Le grand ouvrage de M. de Bunsen[1], dont le premier volume fut publié en 1845, peut servir à dresser l'inventaire de la science à cette époque, et à démontrer qu'aucune grande inscription, et bien moins encore aucun papyrus hiératique n'avait été jusqu'alors élucidé dans son ensemble, ni traduit de manière à pouvoir éclairer suffisamment le savant critique dans l'entreprise bien prématurée où il s'était engagé.

En France, les études hiéroglyphiques avaient langui. M. Letronne, mieux préparé sur le terrain mixte des époques ptolémaïque et romaine, y concentra ses efforts et obtint ainsi les résultats les plus remarquables : son cours au Collége de France contribua à consolider dans l'opinion publique la valeur des découvertes de Champollion. Quant à M. Lenormant, sans abandonner jamais complétement les études égyptiennes, il ne sut pas profiter suffisamment des progrès qui s'accomplissaient autour de lui; il trouvait d'ailleurs de grands et légitimes succès dans d'autres parties de l'archéologie, pour lesquelles il était mieux armé de connaissances philologiques.

---

[1] *Ægyptens Stelle,* etc. La place de l'Égypte dans l'histoire du monde.

Un homme d'un esprit infini, remarquable par sa facilité à tout apprendre et bien exercé aux études philologiques, M. J.-J. Ampère, sembla quelque temps s'être dévoué à la science hiéroglyphique. Cet esprit si vif s'empara avec une rapidité merveilleuse de tout ce qu'on pouvait apprendre, mais son courage défaillit (comme celui de bien d'autres) devant les difficultés de la conquête personnelle. Le récit de son voyage en Égypte rendit cependant un grand service, en excitant dans le public littéraire un plus vif désir de connaître enfin les grandes lignes de l'histoire égyptienne. Mais il est à jamais regrettable qu'un défaut de persévérance ait dérobé à l'Égypte l'emploi des dernières années d'un esprit si perspicace et si bien préparé.

Dans le premier volume de l'ouvrage de M. de Bunsen, on remarqua un aperçu sur la grammaire et le dictionnaire hiéroglyphiques dû à la plume de M. Birch, et qui constatait à cette époque une amélioration notable dans les méthodes suivies généralement par les égyptologues; il était temps, en effet, de donner à la transcription des mots des règles plus sévères, et de substituer à une foule d'hypothèses nécessaires aux premiers pas de la science, soit des notions munies de leurs preuves, soit un doute raisonné. Il est incontestable que la France eut la priorité dans cette marche nouvelle de la science.

M. de Rougé entreprit, en 1846, l'examen de l'ouvrage de M. de Bunsen et fit voir immédiatement à quelles erreurs de toutes sortes conduisait l'emploi isolé des cartouches et des dates partielles, lorsqu'on se dispensait d'approfondir les textes. Les travaux publiés par le même auteur en 1846, 1847, 1848, dans la Revue archéologique, donnèrent l'exemple de textes, encore très-restreints, mais discutés avec soin dans toutes leurs parties essentielles.

Deux traductions de textes plus étendus montrèrent bientôt la variété et la fécondité des monuments égyptiens. Dans l'Essai sur une stèle de la collection Passalacqua (1849), les formules mythiques d'un hymne à Osiris permirent à M. de Rougé de jeter un coup d'œil sur une partie du symbolisme religieux des Égyptiens. Dans le mémoire sur la statuette naophore du Vatican (1851), on vit pour la première fois une longue inscription historique traduite dans son entier et introduisant par là dans l'histoire des faits nouveaux et absolument opposés à ceux que Rosellini avait indiqués, en se bornant à en extraire les cartouches royaux. Mais ces traductions, dont l'exactitude ne pouvait être appréciée que par quelques initiés, n'étaient pas accompagnées de commentaires philologiques; M. de Rougé sentit qu'il ne fallait pas faire un pas de plus sans donner des preuves. Dans le mémoire sur l'inscription du tombeau d'*Ahmès*, chef des nautonniers (1851), il s'astreignit à discuter mot par mot et signe par signe chaque valeur et chaque traduction. Cette méthode lente et laborieuse est la seule qui puisse donner une confiance suffisante dans les résultats demandés aux textes. Cet exemple fut imité par les égyptologues dans tous les ouvrages où les difficultés de l'impression purent être surmontées.

M. Birch publia vers la même époque le commencement de son travail sur les Annales de Toutmès III. On vit aussi paraître en Allemagne un essai, heureux dans plusieurs de ses parties, de la traduction d'un chant funéraire. C'était le fruit des études d'un jeune savant, M. Brugsch, qui devait conquérir un nom hors ligne par des services de toute espèce rendus à la science égyptienne. Il restait néanmoins, à la date de 1852, toute une portion, et la plus curieuse peut-être du domaine égyptien, dont l'entrée n'avait pas été forcée.

Huit années s'étaient cependant écoulées depuis la publication (aux frais du *British Museum*) des papyrus littéraires, achetés dans les collections Sallier et Anastasy. Quelques mots et même quelques phrases traduites isolément avaient pu indiquer la couleur des sujets traités par les hiérogrammates. On savait même, par les notes de Champollion, que le papyrus Sallier (n° 3) contenait un récit poétique de la campagne de Ramsès II en Syrie; mais le manuscrit du maître, retrouvé après la mort de Salvolini, prouvait lui-même que la teneur générale du poëme n'avait pas été comprise : elle ne pouvait l'être à cette époque où la science était encore à l'état d'ébauche. M. de Rougé s'occupait depuis longtemps des recherches nécessaires à la traduction de ce papyrus, lorsqu'une circonstance heureuse vint seconder ses efforts. Un nouveau manuscrit sur papyrus apparut et fut colporté dans les divers musées d'Europe, sans trouver d'acheteur. Ce monument ayant été présenté au Louvre, M. de Rougé reconnut qu'il avait été rédigé par les mêmes littérateurs que ceux à qui l'on devait les morceaux les plus importants des collections Sallier et Anastasy. Il contenait un petit roman, curieux à plus d'un titre, et précieux à ce moment par les secours que la simplicité du récit offrait à l'interprète. M. de Rougé publia la traduction de la plus grande partie du papyrus en 1852[1]. Malheureusement le propriétaire, tout en autorisant la traduction, ne voulut pas consentir à la reproduction de son manuscrit, et le texte ne put être livré au public que plusieurs années après, par les soins du *British Museum*, qui en avait fait l'acquisition. Assuré dans sa marche par ce premier succès, M. de Rougé continua l'étude des papyrus littéraires, et il put donner en 1856 une traduction très-avancée du poëme sur les victoires de Ramsès II (papyrus Sallier, n° 3)[2]. Tout le début de l'ouvrage manque dans ce manuscrit et de fréquentes lacunes ont interrompu la traduction. On put néanmoins y constater l'existence d'une littérature pleine de séve et de grandeur dans ses productions. Les égyptologues purent étudier ces traductions en regard des manuscrits hiératiques et apprendre ainsi à surmonter les difficultés spéciales qui s'étaient opposées jusque-là à la traduction de ces livres égyptiens. Cette nouvelle phase de la science, dont l'initiative appartient encore à la France, produisit rapidement de grands pro-

---

[1] *Notice d'un manuscrit égyptien en écriture hiératique*, etc. (*Revue archéologique*, 1852).

[2] *Le poëme de Pen-ta-our*, etc..... lu à la séance publique des cinq académies, le 14 avril 1856. Paris, Firmin Didot, 1856.

grès. Par la dissection raisonnée de ces textes étendus, le dictionnaire s'enrichissait et l'agencement des phrases familiarisait l'esprit avec les particularités de la syntaxe égyptienne. En Angleterre, M. Birch traduisait à la même époque un certain nombre de stèles et d'inscriptions historiques et soumettait à son tour des textes considérables à une discussion raisonnée [1]. En 1853, M. Brugsch élucida, de son côté, avec une grande perspicacité, les formules de la médecine égyptienne contenues dans un manuscrit du musée de Berlin. Le jeune professeur fut longtemps seul en Allemagne à lutter contre l'indifférence des philologues et à combattre les difficultés des textes égyptiens. En France, au contraire, la petite phalange des égyptologues se recrutait parmi les travailleurs les plus sérieux et les plus intelligents.

M. Mariette, aussitôt après ses grandes découvertes dans la tombe des Apis, donna, dans l'interprétation des stèles du Sérapéum, la preuve d'une connaissance très-étendue du système hiéroglyphique [2]. M. Théodule Devéria se distingua, dans des mémoires sur divers sujets, par la sûreté de ses traductions non moins que par l'étendue de ses recherches originales. M. Chabas (de Châlons-sur-Saône) commença la série des travaux analytiques qui l'ont placé aujourd'hui au rang des traducteurs les plus habiles [3]. Ces publications montrèrent un esprit très-perspicace et résolu à ne laisser passer aucune difficulté sans la résoudre ou du moins sans la signaler.

En 1858, un nouveau champion apparut en Angleterre, et se révéla immédiatement comme un interprète d'une grande sagacité pour les textes hiératiques, M. W. Goodwin publia des traductions extrêmement avancées de certains morceaux des papyrus littéraires; malheureusement les recueils périodiques qui accueillirent ses tra-

---

[1] Birch, *Note upon an historical tablet of Ramsès II*, 1852; idem, *Notes upon an egypt. inscription in the Bibl. nat.* 1852, etc.

[2] Mariette, *Renseignements sur les soixante-quatre Apis trouvés au Sérapéum*, etc. 1855, dans le Bulletin archéologique de l'Athénéum français.

[3] Une *inscription historique du règne de Séti I*, 1856; un *hymne à Osiris*, 1857; étude sur le *Papyrus Prisse*, 1856, etc.

vaux ne lui laissaient pas la possibilité de développer ses preuves. M. Chabas s'entendit avec ce savant pour concentrer leurs communs efforts sur l'interprétation de divers papyrus. Un grand progrès fut le résultat de cette heureuse association. M. Chabas n'a pas cessé de publier, soit en son propre nom, soit comme associé avec M. W. Goodwin, des études égyptologiques où la science a toujours trouvé son profit. L'année 1866 a vu paraître un grand mémoire de ces deux associés sur le *Voyage en Syrie* contenu dans le papyrus Anastasy n° 1[1]. Les travaux analytiques s'étaient d'ailleurs succédé dans l'école sans interruption. M. de Rougé avait donné dans la Revue archéologique (en 1856, 1857 et 1858) une analyse détaillée du long texte gravé sur une stèle de la Bibliothèque impériale et relatif à la guérison d'une princesse asiatique obsédée d'un esprit malin. Le même texte avait déjà été traduit quelques années auparavant par M. Birch, et ce travail constatait, à une nouvelle date, les progrès et les *desiderata* de la science. L'année suivante, le même auteur traduisait et commentait les fragments nouvellement découverts par M. Mariette des Annales de Toutmès III.

Au milieu de ces progrès, il restait encore une portion des textes égyptiens qui semblait défier la traduction, et ce n'était pas la moins importante : nous voulons parler des hymnes du Rituel funéraire, qui contiennent en substance toute la doctrine religieuse et mythologique de l'Égypte. Ce ne fut qu'en 1860 que M. de Rougé put, après de longues études, aborder ce nouvel ordre de difficultés. Dans ses études sur le Rituel funéraire[2], après avoir donné un aperçu général du livre, aperçu appuyé par la traduction de tous les intitulés des chapitres qui sont renfermés dans cette compilation, et l'appréciation de toutes les vignettes qui en éclaircissent le sujet, M. de Rougé choisit pour la première traduction à publier le chapitre XVII, sorte de catéchisme égyptien où toute la doctrine est résumée dans ses points les plus importants. De son côté, M. Chabas

---

[1] *Voyage d'un Égyptien*, etc. Châlons-sur-Saône, 1866. — [2] *Revue archéologique*, 1860.

avait traduit heureusement divers textes contenant des formules magiques : il n'est donc plus aucune sorte de texte égyptien qui n'ait été attaquée avec succès par l'école de Champollion.

L'année 1860 vit consolider et assurer l'avenir de l'archéologie et de la philologie égyptiennes en France par la réouverture au Collége de France de la chaire fondée pour Champollion. M. de Rougé y consacra deux années entières à l'exposition des principes de la lecture et de la grammaire, et ce n'est qu'après avoir fait subir à ses auditeurs cette préparation nécessaire qu'il se permit d'aborder parfois les questions historiques ; mais le fond de l'enseignement resta voué au déchiffrement et à l'analyse des textes, le professeur soumettant ainsi la science et ses progrès à l'épreuve d'une perpétuelle enquête.

L'année 1867 offrira aux commençants des facilités toutes nouvelles. D'une part, l'apparition d'un nouveau monument bilingue, le décret de Canopus, fournit à la science la vérification la plus inattendue de ses découvertes même les plus contestées dans la voie du déchiffrement. Quel terrain inébranlable désormais ! Trente-sept lignes d'hiéroglyphes traduites par soixante-seize lignes de texte grec, sans lacune; et pas un démenti donné, ni à la méthode, ni à ses applications partielles, dans le cours de cette décisive épreuve ! Si les bases de la traduction ont ainsi acquis une solidité incontestable aux yeux des plus prévenus, le domaine à explorer s'est d'un autre côté agrandi par la publication des monuments et des inscriptions recueillies par MM. Brugsch et Dümichen en 1865 et 1866, par celles qui composent l'album de la mission remplie par M. de Rougé, enfin par les riches matériaux amassés par M. Mariette et dont la publication ne saurait être longtemps différée.

Quant aux facilités offertes aux érudits qui voudront explorer ces richesses, M. Brugsch annonce la publication d'un dictionnaire où seront fidèlement résumées toutes les conquêtes philologiques de la science[1], et M. de Rougé a livré à l'impression le résumé de

---

[1] Les premières livraisons sont déjà publiées.

ses leçons; la publication en sera probablement terminée avec l'année 1867, pour la partie grammaticale. La génération nouvelle sera ainsi, nous l'espérons, appelée à prendre plus facilement part aux découvertes à venir, grâce aux secours considérables qu'elle devra à ses devanciers.

Tels sont les résultats des travaux dus aux successeurs de Champollion, en ce qui concerne les écritures hiéroglyphique et hiératique; on voit que la France y tient une place éminente. Pour ce qui concerne les monuments de l'écriture démotique, nous avons déjà mentionné le nom de M. Brugsch, en qui se résument presque tous les progrès de cette partie de la science. Il en a présenté l'ensemble dans son excellente Grammaire démotique[1]. C'est néanmoins justice de constater que M. Brugsch n'est pas arrivé du premier coup à la parfaite théorie de cette écriture, et que les savants français ont aussi quelque part dans cette conquête.

On n'a presque rien recueilli des dernières études de Champollion sur le démotique. Après les travaux de ce maître, joints à ceux d'Young, et après la vérification de l'alphabet démotique, exécutée par M. Leemans avec le secours d'un manuscrit démotique enrichi de transcriptions grecques, appartenant au musée de Leyde, on ne pouvait guère citer qu'un petit nombre de sigles dont le sens était connu empiriquement et par la dissection des monuments bilingues, beaucoup plus nombreux pour cette écriture que pour les hiéroglyphes. En 1845, M. de Saulcy essaya de lutter corps à corps avec le texte démotique de l'inscription de Rosette, et quoique ce savant si ingénieux n'ait pas réussi à débrouiller mieux qu'on ne l'avait fait avant lui les règles spéciales de l'écriture démotique, il y laissa néanmoins une trace de son passage par de bonnes interprétations et par des lectures heureuses. On était alors dans une grande incertitude sur les véritables lois qui régissaient l'écriture vulgaire des Égyptiens aux époques ptolémaïque et romaine.

---

[1] *Grammaire démotique*, Berlin, 1855.

M. Brugsch en reconnut quelques-unes dès son début; mais son ouvrage intitulé *Scriptura Ægyptiorum demotica*, etc.[1] contenait encore, dans le tableau des lettres, une énorme quantité de signes que ce savant a lui-même éliminés, depuis lors, des cadres de l'alphabet, après avoir reconnu leur valeur idéographique ou syllabique. Les véritables principes, entrevus d'abord par Champollion, furent rétablis par la discussion de nombreux exemples dans la Lettre adressée à M. de Saulcy par M. de Rougé[2]. La connexion intime du système démotique avec les hiéroglyphes fut de nouveau mise en lumière, et l'alphabet usuel étant réduit à un très-petit nombre de lettres homophones, les valeurs syllabiques et idéographiques apparurent clairement dans des sigles nombreux, qui, tout défigurés qu'ils étaient par des abréviations successives, se reconnaissaient encore néanmoins comme les débris des caractères hiératiques de même valeur. M. Brugsch admit complétement ces principes : il constate lui-même cette nouvelle phase de ses idées dans sa Lettre à M. de Rougé sur la découverte d'un manuscrit bilingue, etc[3]. «Vos précieux renseignements, dit-il, ont puissamment enrichi mes connaissances du système hiéroglyphique, et en même temps modifié sur plus d'un point mes opinions sur l'écriture démotique : veuillez donc, je vous prie, considérer ceci comme un premier essai d'acquittement envers vous.»

M. Brugsch ne s'écarta plus de ces principes; et, après avoir successivement élucidé les principaux monuments de l'écriture démotique, il rédigea la Grammaire de l'idiome vulgaire écrit avec le système démotique. Sa dernière publication dans ce genre, l'interprétation du Papyrus bilingue de M. Rhind, montre à quel point avancé a été poussée par lui la traduction des textes de cette espèce, et quel service peut rendre à la science hiéroglyphique la comparaison des textes sacrés traduits en démotique dans les monuments bilingues.

---

[1] Berlin, 1848; en une petite brochure lithographiée. — [2] *Lettre à M. de Saulcy sur l'écriture démotique*, etc. (*Revue archéolog.* 1848). — [3] Berlin, 1850.

§ 2. PROGRÈS DES CONNAISSANCES HISTORIQUES.

Après l'exposé des labeurs entrepris pour affermir et étendre le terrain conquis par Champollion dans le domaine du déchiffrement des hiéroglyphes, c'est une tâche plus agréable que celle de suivre les savants sur la voie des découvertes historiques qui ont récompensé leurs peines. Champollion laissait l'histoire jalonnée dans ses principales divisions, en ce qui concerne la seconde moitié de l'empire égyptien; mais il n'avait pas touché aux premiers temps, correspondant aux quatorze premières dynasties énumérées dans Manéthon. Ses lettres écrites d'Égypte faisaient bien pressentir quelle richesse de documents devait produire l'étude intime des monuments qu'il avait pu classer. Mais ses successeurs reconnurent tout d'abord la nécessité d'introduire une amélioration fondamentale dans l'application des données fournies par les monuments aux dynasties pharaoniques des listes de Manéthon. On sait qu'une coupure profonde est marquée dans l'histoire du peuple égyptien par l'invasion des Pasteurs qui dominèrent longtemps sur toute la vallée du Nil. On avait reconnu facilement, dans les ruines de Thèbes, les grandes constructions élevées par les Pharaons de la xvIII^e et de la xIX^e dynastie, qui, après avoir triomphé des Pasteurs, portèrent l'Égypte au comble de la puissance; mais l'apparition de la célèbre liste des rois trouvée dans le temple d'Abydos suscita, pour l'histoire des temps qui précèdent la xvIII^e dynastie, une difficulté dont Champollion et sa première école ne purent triompher. Les rois de la xvIII^e dynastie étaient précédés immédiatement, sur la table d'Abydos, par une famille royale complète et dont les noms se retrouvèrent bientôt écrits sur des monuments nombreux et très-importants. Ces Pharaons avaient régné sans partage depuis le Delta jusqu'au fond de la Nubie, et partout ils avaient laissé des témoignages de leur pouvoir souverain. Il était donc impossible de reconnaître là les sujets ou les victimes de ces nomades envahisseurs auxquels la tradition appliquait le nom de Pasteurs, et que la xviiie dynastie avait expulsés. Ce fut le professeur Lepsius qui eut le premier la hardiesse heureuse de supposer, dans la table d'Abydos, une lacune de plusieurs dynasties. Ce savant pensa que Ramsès II, dédicateur de ce monument, avait résolûment supprimé toute la période moyenne de l'histoire, pour reporter directement ses hommages à ceux de ses ancêtres qui avaient illustré le premier empire. Les noms royaux conservés dans la xiie dynastie des listes de Manéthon favorisaient d'ailleurs cette belle conjecture. Les preuves de sa réalité ne se firent pas attendre. La xiie dynastie, qui reconnaissait pour chef Amménemès (*Amenemha* Ier des monuments), était, dans Manéthon, la *seconde dynastie thébaine;* elle y était encadrée entre deux dynasties également qualifiées *thébaines*, la xie et la xiiie. Une inscription rapportée de Semneh par M. Ampère fournit bientôt à M. de Rougé le premier document nécessaire à la constatation monumentale de ces faits. Cette inscription prouvait que la famille d'*Amenemha* avait été suivie immédiatement par un des souverains nommés *Sebek-Hotep*. Ce dernier faisait partie d'un groupe nombreux, connu surtout par la chambre des rois, de Karnak, et qui, trouvant ainsi sa place définitive, constituait la xiiie dynastie[1].

Une preuve aussi satisfaisante fut également trouvée par M. de Rougé, en ce qui touche la xie dynastie. Une stèle, appartenant au musée de Leyde, lui offrit, dans son contexte, la mention d'un roi thébain nommé *Antef*, comme existant trois générations avant la xiie dynastie[2]. Or, il en était de ce roi *Antef* comme du *Sebek-hotep* de Semneh; il faisait partie d'un groupe rassemblé dans un des côtés de la chambre des rois de Karnak, et dont les monuments se trouvaient à Thèbes et sur quelques points de la Thébaïde. C'était bien là le caractère qu'on pouvait attribuer à la xie dynastie de Manéthon, la première dynastie sortie de Thèbes, et qu'on peut raisonnablement supposer n'avoir possédé, pendant un certain temps, qu'une partie de l'empire des Pharaons.

---

[1] *Revue arch.* août 1848. — [2] *Revue arch.* décembre 1849.

Les xie, xiie et xiiie dynasties composèrent désormais un grand fragment d'histoire, dont les principaux traits étaient définitivement fixés, et par là l'époque de l'invasion des Pasteurs se trouvait heureusement franchie. Toutefois, en raison de l'abondance des monuments et de leur conservation plus complète, les travaux de la science se portèrent d'abord et presque exclusivement sur la seconde période monumentale : pour suivre plus exactement l'histoire de ses progrès, nous résumerons d'abord les notions acquises sur les dynasties qui gouvernèrent l'Égypte depuis l'expulsion des Pasteurs jusqu'à la conquête de Cambyse. Mais dans une période aussi riche en documents nouveaux, il nous sera impossible de nous arrêter aux détails, et il faudra nous borner à noter les résultats principaux des découvertes.

Le premier point qu'il importait d'abord de fixer était l'époque précise de l'expulsion des Pasteurs. L'école hésitait entre Toutmès III et Ahmès (l'Amosis de Manéthon) pour appliquer à l'un de ces rois le titre de libérateur du pays. M. de Rougé a réussi à résoudre cette question capitale, à l'aide de deux documents successivement élucidés. Le premier consistait dans l'inscription du tombeau d'un capitaine nommé Ahmès, dont une copie existait dans les manuscrits de Champollion. Ce guerrier y racontait la part glorieuse qu'il avait prise à l'expulsion des Pasteurs[1]. Il constatait qu'après plusieurs combats sanglants et dès la sixième année de son règne, le Pharaon Ahmès avait complètement expulsé les Pasteurs. La guerre s'était terminée par la prise de leur principale place forte, dont le véritable nom antique n'était pas encore connu. Le même Pharaon avait ensuite conduit une expédition victorieuse en Nubie; après quoi, jouissant d'une paix profonde, il avait rouvert les carrières pour consacrer ses loisirs à la réparation des édifices sacrés. Le guerrier égyptien continuait, dans la même inscription, le récit de ses campagnes sous les rois suivants; mais les victoires d'Amé-

---

[1] *Examen de l'ouvrage de M. de Bunsen*, 1847.

nophis Iᵉʳ et de Toutmès Iᵉʳ étaient remportées sur de nouveaux ennemis et en dehors du sol égyptien, où les Pasteurs ne reparaissaient plus.

Cette première notion fut bientôt confirmée et complétée par les renseignements que M. de Rougé put extraire du papyrus Sallier (n° 1). Il parvint à reconnaître les faits suivants dans les fragments mutilés de ce monument : Le prince thébain *Raskenen-Taaken*, un des prédécesseurs d'Ahmès, avait commencé la lutte contre les envahisseurs. Le chef ennemi s'y trouvait également nommé, c'était *Apapi* (Apophis); le papyrus fournissait aussi le nom de la forteresse qui lui servait de capitale, et qui devait plus tard succomber sous les coups du roi Ahmès : c'était *Hauar*, c'est-à-dire l'Avaris de Manéthon, la capitale des Pasteurs. Le même papyrus faisait encore connaître le dieu spécial de cette nation, « qui refusait ses hommages à toute divinité égyptienne; » il portait le nom de Sutech, dieu qu'on retrouve, sous les règnes suivants, indiqué clairement comme jouant le principal rôle chez le peuple syrien de Chet.

Tout devenait ainsi précis et concordait, dans les caractères généraux du récit, avec les fragments de Manéthon. L'origine asiatique du peuple pasteur, le siége et le nom de sa capitale, Avaris, ainsi que le commencement et la fin de la lutte décisive qui devait affranchir l'Égypte, étaient définitivement constatés, lorsque les fouilles de M. Mariette sur le sol de l'antique Tanis vinrent donner à cette question des Pasteurs un intérêt tout nouveau et en agrandir singulièrement les conséquences historiques. Soit que Tanis n'ait été qu'un nom nouveau donné à la ville d'Avaris, soit que les monuments trouvés à Tanis par M. Mariette aient été transportés dans cette ville de quelque autre localité peu éloignée, toujours est-il certain que plusieurs de ces monuments portaient une sorte de dédicace au dieu « Sutech, seigneur de la ville d'Avaris. » On était donc bien sur le sol où l'on pouvait espérer de rencontrer quelques traces de la domination des Pasteurs. Les résultats obtenus par

M. Mariette dépassèrent les espérances, et il put constater deux ordres de faits également significatifs. D'une part le roi pasteur *Apapi* avait employé l'écriture hiéroglyphique pour faire inscrire son nom sur divers monuments pharaoniques. Ainsi, non-seulement il avait respecté les statues des Pharaons du premier empire, mais il les avait frappées, pour ainsi dire, à son propre coin, comme pour en constater le mérite à ses yeux. D'autre part, M. Mariette retrouva et définit tout un groupe de monuments d'un style particulier et assez bien conservés jusqu'à nos jours. Malgré les mutilations calculées et insultantes que les Égyptiens vainqueurs leur avaient fait subir, on pouvait encore facilement y reconnaître les traits énergiques d'une race toute spéciale et les détails d'un accoutrement complétement différent de celui des figures égyptiennes. L'histoire de l'art était mise en possession des statues et des sphinx représentant les rois pasteurs. Il devenait évident que les historiens, répétant des légendes nationales, avaient surfait la barbarie des envahisseurs. Après les désordres inséparables de la conquête, les Pasteurs avaient employé à leur profit le ciseau remarquablement habile des sculpteurs de la Basse-Égypte. Ils avaient remis en honneur les monuments érigés par les anciens Pharaons, et, loin de les détruire, ils s'étaient bornés à y constater leur souveraineté par l'inscription de leurs propres cartouches. M. Mariette n'a trouvé aucune trace d'une écriture particulière et qu'on pût attribuer à ce peuple étranger; il avait emprunté exclusivement, du moins sur les monuments à nous connus, l'écriture de l'Égypte, en même temps qu'il employait la main de ses artistes et les admirables pierres dures que fournissait le pays, et dont la sculpture égyptienne était depuis longtemps habituée à triompher. On peut juger par là des emprunts utiles et nombreux qu'un peuple nomade put facilement faire à l'Égypte, pendant un long contact avec des sujets déjà héritiers d'une ancienne et puissante civilisation.

M. de Rougé a émis l'opinion que ce contact fut l'occasion principale de l'introduction chez les peuples syriens de l'alphabet dit *phénicien*, ancêtre légitime de tous les autres alphabets, et qu'il eut ainsi, sur l'histoire des progrès de l'esprit humain, une influence décisive. Quoi qu'il en soit de l'époque précise de cette transmission de l'alphabet, il est certain que l'identité presque absolue que M. de Rougé a signalée entre les formes cursives des lettres égyptiennes, usitées dans la plus haute antiquité, et les formes des mêmes lettres dans l'alphabet phénicien, ne peut être contestée, et que ces remarques ont en général produit chez les savants la conviction d'une transmission directe de l'alphabet cursif, emprunté tout entier à l'Égypte par les populations voisines.

Cette restauration de la physionomie véritable de l'invasion des Pasteurs et de ses conséquences est une conquête due tout entière à l'école française.

L'Égypte, délivrée par Ahmès Ier, fut bientôt portée, par les Pharaons de la xviiie dynastie, au comble de la puissance. Ici les matériaux commencent à abonder ainsi que les savants travaux qui les ont commentés. On n'a pas de récits détaillés des expéditions d'Aménophis Ier, on ne connaît que les noms de ses ennemis vaincus, au nord et au midi; ce sont les habitants des pays limitrophes. Il est certain, néanmoins, qu'il contribua à la supériorité croissante de l'Égypte, et sa mémoire est restée en grande vénération pendant les âges suivants. Toutmès Ier, son successeur porta la guerre en Syrie. C'est lui qui ouvrit l'ère des grandes conquêtes, et il posa jusqu'au delà du Liban des stèles qui marquaient ses frontières. C'est un fait capital, rappelé dans les annales de Toutmès III et mis en évidence par M. de Rougé; il ne permet pas de supposer l'existence, à cette époque, d'un reste de la puissance des Pasteurs en Égypte, comme l'avaient pensé les savants de Berlin.

L'histoire de la famille de Toutmès Ier est, du reste, encore pleine d'obscurités. Il est certain que sa fille, régente après lui, fit diriger une expédition vers l'Arabie, et nous attendons de M. Mariette la publication de documents importants sur cette campagne, résultat de ses fouilles dans la montagne de Deir-el-Bahari. Les monuments des victoires de Toutmès III sont très-nombreux, mais les grandes annales de son règne méritaient surtout l'attention des savants. Elles ont été gravées en relief au pourtour de la galerie qui environne, à Karnak, le sanctuaire d'Ammon. Toutmès III, qui avait fait construire ce sanctuaire, où le granit rose avait été seul employé, avait fait consigner dans cette galerie et dans les salles voisines tout ce qui pouvait conserver la mémoire des grandeurs de son règne : annales de ses expéditions, liste des peuples vaincus, actes publics constatant ses donations aux temples et les grands travaux exécutés par ses ordres. L'exhumation et la publication de ces documents, commencées par Champollion et continuées par M. Lepsius, ont reçu leur complément dans le cours des fouilles ordonnées par le vice-roi d'Égypte et poursuivies par M. Mariette. Les annales de Toutmès III furent d'abord traduites par M. Birch[1], qui, toutefois, ne comprit pas l'ordre véritable des fragments qu'on en possédait. M. Mariette ayant découvert de nouveaux fragments, M. de Rougé entreprit avec ce secours de coordonner l'ensemble de ces annales et d'en faire comprendre la marche régulière[2]. Il donna la traduction du morceau d'histoire très-complet que formaient les fragments nouvellement découverts, réunis à ceux qu'on pouvait y rattacher directement. Ce récit montra Toutmès III atteignant et dépassant les limites où son père Toutmès Ier s'était arrêté, en y consignant le souvenir de ses expéditions victorieuses.

Un autre monument dû aux recherches de M. Mariette permit de se faire une juste idée du domaine conquis par les Pharaons en Asie. Une des chambres bâties par Toutmès III et précédant le sanctuaire de Karnak, contenait dans sa décoration les figures et les noms de tous les peuples vaincus. Elle fut élucidée d'abord

---

[1] Voyez S. Birch, *The annals of Thothmes III*, Archæologia, vol. XXXV, p. 116; et le même, *On the Statistical tablet*, etc. Trans. of the R. S. of literature, II. s. vol. II.

[2] *Notice de quelques fragments de l'inscription de Karnak*, etc. (Revue archéologique, 1860).

par M. Birch et particulièrement pour la partie africaine. M. de Rougé soumit la liste des peuples situés au nord de l'Égypte à un examen détaillé[1]. Les noms d'une foule de villes, connues surtout par la Bible, purent être identifiés avec certitude, et de l'ensemble de ces documents on put conclure que toute la Syrie avait été soumise, à cette époque, à la puissance égyptienne. La Mésopotamie avait été atteinte et les noms de Ninive et de Babel elles-mêmes figuraient parmi les tributaires de Toutmès III. Le sentiment de l'orgueil national exalté par ces victoires se reconnaît dans un monument du règne de Toutmès III dû également aux fouilles de M. Mariette. Une stèle gravée en l'honneur de ce Pharaon et consacrée dans le temple de Karnak montre la renommée du conquérant dépassant de beaucoup la véritable limite de ses conquêtes[2]. Elle se termine par un petit poëme, écrit en versets régulièrement coupés, qui attribue à Toutmès III la domination des nations les plus reculées et même un empire maritime s'étendant à toute la Méditerranée; mais il faut convenir qu'aucun détail monumental n'atteste l'exactitude de cette dernière assertion du poëte officiel et qu'on peut la soupçonner d'exagération.

Les documents partiels relatifs aux règnes suivants sont assez nombreux; ils n'ont pas encore été l'objet de travaux d'ensemble suffisants, et M. Brugsch ainsi que M. Mariette, dans leurs histoires d'Égypte, se contentent d'en indiquer les traits saillants. Le règne d'Aménophis III fut particulièrement glorieux, tant par des conquêtes étendues que par les travaux intérieurs[3]. Vers la fin de la xviiie dynastie, et peut-être dès le temps d'Aménophis III lui-même, une innovation religieuse amena des troubles en Égypte. Le culte du Soleil, représenté par un disque rayonnant vers la terre, fut introduit par le roi comme le seul et unique Dieu de son empire.

---

[1] *Étude sur divers monuments du règne de Toutmès III* (*Revue arch.* 1861).

[2] *Ibidem* (*Revue archéologique*, 1861).

[3] V. S. Birch, *One remarkable object of the reign of Amenophis III*, in *Archæolog. journal*, 1833, n° 32; le même, *Historical monument of Amenophis III, in the Louvre*, 1845 (Extrait de *Archæologia*).

Nestor l'Hôte, M. Prisse, sir G. Wilkinson, M. Lepsius dans ses Lettres, et M. Brugsch dans son Histoire, ont successivement touché à ce sujet curieux, sans parvenir à en éclaircir complétement ni l'époque précise, ni les causes. Il est certain toutefois que, sous le règne d'Horus, le culte d'Ammon était rétabli et que le temple élevé à Karnak en l'honneur du soleil rayonnant (*Aten-ra*) fut démoli complétement, comme l'attestent ses débris servant de matériaux pour le pylône d'Horus.

La famille de Ramsès Ier, de Séti Ier (Séthos) et du grand Ramsès II, correspond à la xixe dynastie; la science a unanimement adopté sur ce point l'opinion de M. Lepsius. Mais les origines de cette famille et les causes de son accession à la couronne n'ont point été éclaircies. Un monument de Ramsès Ier avait été signalé par Champollion jusqu'au fond de la Nubie, c'était une stèle qui attestait une première victoire et que ce savant rapporta de son voyage et déposa au musée du Louvre. Les conquêtes de son fils Séti-Merenptah Ier sont représentées sur la muraille extérieure du temple de Karnak : M. Brugsch et M. Mariette les ont analysées fidèlement dans leurs histoires d'Égypte. Il est évident que la puissance égyptienne s'était affaiblie vers la fin de la xviiie dynastie ; Séti Ier dut commencer sa campagne de Syrie par châtier les *Schasu* ou les Arabes nomades qui s'étendaient jusqu'à la frontière égyptienne. Il rétablit en Syrie la domination des Pharaons.

Ramsès II, fils de Séti, est resté jusqu'ici la physionomie la plus éclatante de l'histoire monumentale. Tacite constate que la mémoire de ses exploits était fidèlement conservée du temps des Romains, et Champollion a établi que ses victoires ont fourni aux historiens les principaux traits de la légende de Sésostris. Associé à la couronne dès son enfance, il régna 67 ans. Les brillantes campagnes des premières années de son règne se terminèrent par un traité de paix, cimenté par des alliances de famille avec les chefs des nations qui prédominaient alors dans l'Asie occidentale, et la longue tranquillité qui accompagna ses dernières années est attestée par l'immensité des travaux exécutés par ses ordres en Égypte. Nous n'avons pas les véritables annales de son règne; mais la campagne de Syrie qui appartient à la cinquième année a été l'objet de grands travaux scientifiques. Dans le cours de cette campagne, le Pharaon, emporté par son courage, et, il faut le reconnaître, complétement trompé par une marche dérobée du prince de Chet, chef de ses ennemis confédérés, se trouva subitement entouré par l'élite de l'armée ennemie, dans un moment où il s'était séparé du gros de ses légions. Sa bravoure personnelle l'ayant tiré de ce mauvais pas, cet exploit devint le texte des louanges officielles et le récit en fut gravé sur une foule d'édifices. Ce récit existe encore en entier à *Abu-Simbel* et au *Ramesséum*. C'est dans ces deux inscriptions comparées que M. de Rougé découvrit l'histoire de ce fait qui joue un si grand rôle dans les monuments de ce règne. Il donna une complète analyse du contenu de ce texte[1]; M. Chabas en entreprit plus tard la traduction littérale[2]. Le combat personnel soutenu dans cette occasion par Ramsès II fournit le sujet d'un poëme, composé par le grammate royal *Pentaur*, un des principaux littérateurs de cette époque, qui paraît avoir été féconde en productions littéraires. Le mérite de cette composition était sans doute considérable aux yeux des Égyptiens, car le roi fit graver le poëme tout entier sur les murailles extérieures de divers édifices, bâtis ou restaurés par ses ordres. Le papyrus Sallier n° 3 a d'ailleurs conservé les deux tiers de l'ouvrage en écriture hiératique. Champollion reconnut bien l'intérêt extrême de ce morceau; mais les progrès de la science n'en permirent la traduction suivie que plus de vingt-cinq ans après sa mort. M. de Rougé, ayant reconnu l'esquisse du sujet dans les bulletins gravés auprès des tableaux qui figuraient la bataille à *Abu-Simbel* et au *Ramesséum*, donna, dans une séance publique de l'Institut[3], la traduction de la plus grande partie du poëme de *Pentaur*. Dans le cours de la mission

---

[1] Avant-propos du poëme de *Pentaur*, 1856. — [2] *Revue archéologique*, 1858. — [3] Août 1856.

qu'il a remplie en 1863-64, M. de Rougé eut l'occasion d'étendre sa traduction et de compléter ce texte si précieux, en recueillant tous les débris du poëme gravés sur les murailles de Karnak et de Louqsor[1]. On put apprécier et la couleur remarquable du morceau et l'intérêt des documents qui venaient ainsi illustrer les exploits du plus grand conquérant de l'Égypte, de celui que, plus de cent ans après sa mort, un de ses descendants nommait *Ramsès le grand Dieu*[2].

Un autre monument du même prince fut successivement traduit par M. Brugsch, par M. Goodwin, et par M. de Rougé; il mérite peut-être ici une mention spéciale[3]. Il s'agit du plus ancien document diplomatique qui nous soit parvenu. La vingt-deuxième année de son règne, Ramsès II règle les conditions de la paix avec le prince de Chet. Ce personnage, en avouant les défaites de son prédécesseur, y proteste de son désir de la paix. Il avait conservé néanmoins une grande puissance, car l'orgueilleux Ramsès lui accorde son alliance et des conditions d'une parfaite égalité. Il est permis de pressentir le prochain empire d'Assyrie, en présence d'une situation ainsi maintenue et même agrandie, du consentement d'un adversaire tel que Ramsès II. Ce Pharaon épousa la fille du prince de Chet, ainsi que M. de Rougé l'a constaté, et l'alliance fut assez durable, au grand étonnement des Égyptiens eux-mêmes, qui n'avaient jamais vu, comme le dit l'inscription de *Abu-Simbel* «le peuple d'Égypte et le peuple de Chet n'avoir qu'un seul cœur pour servir le roi Ramsès[4].»

La stèle d'Abydos déjà citée ci-dessus et interprétée par M. de

---

[1] Une page nouvelle du même manuscrit a été découverte tout récemment par M. de Rougé dans la collection Raifet, elle aide puissamment à l'intelligence des commencements de la campagne. Cours du Collége de France, 1865-1867.

[2] *Stèle de Ramsès IV,* à Abydos, mission de M. de Rougé.

[3] M. Chabas vient d'en publier une nouvelle traduction qui ne diffère pas sensiblement des précédentes. Rosellini avait également abordé ce texte, mais sans grand succès.

[4] Cours du Collége de France, année 1867.

Rougé constate que les 67 années de son règne furent signalées par un nombre immense de monuments : leurs restes gigantesques couvrent encore le sol égyptien.

Les rapports de temps et de noms ont fait penser à M. de Rougé que Ramsès II devait être considéré également comme le Pharaon sous lequel Moïse dut fuir l'Égypte et dont le très-long règne força le législateur futur des Hébreux à un très-long exil. A défaut d'un texte précis qui manque dans la Bible, cette conjecture rend bien compte des faits, et elle a été généralement adoptée. M. Prisse a recueilli, sur l'emplacement même où les Hébreux étaient particulièrement établis, des monuments et des inscriptions qui nomment *la ville de Ramsès II*, et c'est précisément dans la construction des villes de *Pithom* et de *Ramses* que la Bible nous montre les fils d'Israël courbés sous les travaux les plus pénibles. A cette époque, l'Égypte était encombrée de tribus étrangères, traitées en esclaves par les Pharaons, et des prisonniers de toutes nations étaient employés aux travaux publics, dont le développement fut immense sous les règnes de Séti Ier et de Ramsès II. Parmi les travailleurs étrangers, M. Chabas a fait remarquer le nom des *Aperi*, qui peut répondre exactement à celui des Hébreux. C'est la seule trace que la captivité d'Israël aura laissée probablement sur les monuments; il n'est pas à penser que les Égyptiens y aient jamais consigné ni le souvenir des plaies, ni celui de la catastrophe terrible de la mer Rouge; car leurs monuments ne consacrent que bien rarement le souvenir de leurs défaites.

Le fils de Ramsès II, nommé *Merenptah* (Amenephthès de Manéthon), eut à repousser une redoutable coalition formée contre l'Égypte. M. Brugsch a donné quelques notions sur cette guerre dans son histoire. M. de Rougé, dans son rapport sur sa mission, annonce de nouveaux détails sur ce sujet curieux. Suivant lui, l'Égypte subit à cette époque une dangereuse invasion. La frontière libyque et les bouches du Nil donnèrent entrée à une nombreuse armée qui pénétra jusqu'aux environs de Memphis. La nouvelle tourbe de peuples qui apparaît pour la première fois sous Me-renptah, vers le xive siècle avant notre ère, et qui reviendra bientôt, plus formidable encore, au commencement du règne de Ramsès III, comprend, suivant les premiers aperçus de M. de Rougé, outre les peuples libyens et mauritaniens, une confédération maritime des principales nations qui dominaient alors sur les côtes de la Méditerranée. Les Tyrrhéniens, désignés sous le nom de *Tirscha* (Tyrsènes), sont les promoteurs de la guerre. On y distingue les peuples sardes (*Schardana*), les Sicules (*Schakalasch*), les Grecs (*Akaiosch*), et plusieurs autres peuples connus de nous, mais dont les noms plus altérés ont besoin de subir l'épreuve de la discussion[1]. Il y a là tout un fragment d'histoire à élucider et peut-être des lumières nouvelles à attendre pour les origines des peuples classiques; car la féconde Égypte touche à tout dans l'histoire ancienne.

La fin de la xixe dynastie paraît avoir été agitée par des révolutions intérieures, et les cartouches royaux martelés et remplacés prouvent les vicissitudes par lesquelles passa l'Égypte à ce moment. On manque de documents suffisants pour en faire l'histoire. La physionomie du Pharaon *Séti II* se détache néanmoins avec un certain relief dans cette période, tant par ses statues colossales des musées de Turin et du Louvre que par la mention de quelques victoires.

On s'accorde généralement à regarder *Ramsès III* et ses descendants (qui portèrent tous le nom de Ramsès) comme la xxe dynastie de Manéthon. Il n'existe pas cependant une preuve décisive pour la régularité de cette coupure, parce que Manéthon ne donne aucun nom de roi pour la xxe dynastie.

Ramsès III, le dernier des grands conquérants égyptiens, était fils d'un Pharaon (probablement *Set-Necht*). C'est ce que M. de Rougé a constaté dans les fragments d'un hymne adressé par ce

---

[1] M. de Rougé, cours du Collége de France, 1864-1865, et communication lue à l'Académie des inscriptions, avril 1867.

roi au dieu Ammon. Ce document fait partie d'un admirable papyrus qui contient le résumé des guerres soutenues par Ramsès III et l'histoire complète de ses fondations religieuses et des constructions élevées dans toute l'Égypte à l'occasion de ses victoires. Ce manuscrit, qui appartient à M. Harris, d'Alexandrie, n'est malheureusement pas encore à la disposition des savants. Ramsès III eut d'abord à combattre les mêmes ennemis que Merenptah, fils de Ramsès II; il avait développé sa puissance maritime, et sa flotte lui fut d'un grand secours dans cette guerre[1]. Les principaux événements en sont figurés sur les murs extérieurs du temple de Médinet-Abu, et Champollion les a fidèlement décrits dans ses lettres d'Égypte. Les fouilles exécutées dans ce temple par M. Greene en 1855 ont mis complétement à découvert une longue inscription qui exalte jusqu'au ciel la gloire de Ramsès III après ses différentes campagnes[2]. Débarrassé des attaques des nations venues du nord de l'Afrique et des côtes de la Méditerranée, il avait à son tour porté la guerre en Syrie et rétabli pour un temps considérable la suprématie de l'Égypte dans cette partie de l'Asie.

L'histoire de la famille de Ramsès III avait déjà fourni à Champollion et à Rosellini beaucoup de détails intéressants; mais M. Lepsius a mieux coordonné la série fort embrouillée de ces nombreux Ramsès. Les fouilles de la tombe des Apis ont aussi fourni à M. Mariette des documents sur de nouveaux Ramsès inconnus jusqu'à lui, et sur la place véritable de quelques-uns d'entre eux. Quatre frères, fils de Ramsès III, occupèrent successivement le trône après lui : le règne de Ramsès IV fut particulièrement remarquable par la quantité des constructions élevées ou terminées par ses ordres; il se vante, en effet, sur une stèle d'Abydos, d'avoir, en quelques années, doté l'Égypte d'autant de monuments que Ramsès II avait pu le faire dans les soixante-sept années de son règne[3]. Un des der-

---

[1] V. Brugsch, *Histoire d'Égypte*, règne de Ramsès III.

[2] M. de Rougé, *Notice de quelques textes* publiés par M. Greene, année 1856.

[3] *Album de la mission de M. de Rougé*, explication des planches, n° 155.

niers Ramsès dont le règne fut de plus de quarante ans, et qui dominait encore la Syrie, est connu dans la science par un document singulier et du plus haut intérêt. Une stèle, signalée d'abord par Champollion et rapportée par M. Prisse (à la Bibliothèque impériale), contient un long récit dont voici la substance. Ce Pharaon, s'étant transporté dans le pays de Naharaïn pour y percevoir lui-même les tributs, remarqua, pour sa beauté, la fille du prince de Bechten; il l'épousa et l'éleva au rang de reine d'Égypte. Plus tard, la sœur de cette princesse se trouvant malade, on eut recours aux docteurs égyptiens, qui la déclarèrent obsédée par un esprit malin et ne purent la soulager. Le prince de Bechten réclame alors, du Pharaon son gendre, la présence du dieu thébain Chons, qui fut transporté en grande pompe jusqu'au pays de la princesse, sous l'escorte de ses prêtres, et dont la puissance supérieure expulsa enfin l'esprit. Ce texte si curieux, traduit d'abord dans son ensemble par M. Birch, fut ensuite soumis par M. de Rougé à une rigoureuse analyse dans son Essai sur une stèle de la Bibliothèque impériale[1]. On trouve, dans le même ouvrage, une étude historique sur la xxe dynastie et sur la période très-curieuse qui la termine. La famille de Ramsès est éclipsée et remplacée par les grands prêtres d'Ammon, qui finirent par s'attribuer l'autorité tout entière et enfin les marques officielles de la dignité souveraine. On peut suivre pas à pas sur les monuments et surtout au temple de Chons, à Karnak, la progression constante et des titres et du pouvoir réel des grands prêtres.

La xxie dynastie porte, dans Manéthon, le nom de *Tanite* : il est très-probable que l'élévation des prêtres d'Ammon fut contestée et devint l'occasion d'une division du pouvoir royal. C'est aux fouilles de M. Mariette sur le sol de Tanis qu'on doit la restitution du vrai nom du chef de cette nouvelle dynastie, qui se nommait *Se-Amen*. C'est le Smendès de Manéthon. Malheureusement l'histoire et les

---

[1] *Journal asiatique*, 1856-1858.

monuments ne nous apportent ici que la connaissance de quelques noms royaux.

La famille de Scheschonk (le *Schischak* de la Bible) compose la xxii⁰ dynastie : Manéthon lui donne le nom de *Bubastite*.

Une stèle du Sérapéum, interprétée par M. Mariette, et depuis par M. Lepsius, a permis de tracer la généalogie de cette famille royale dont les membres sont très-nombreux. Scheschonk Ier, qui n'est pas lui-même de race royale, paraît avoir recueilli du chef de sa mère ses droits à la couronne. La restitution de la figure de Scheschonk Ier, le vainqueur de Roboam, est une des premières et des plus importantes conquêtes de Champollion. On ne possède pas un récit égyptien de la campagne de ce Pharaon en Palestine et en Syrie; mais M. Brugsch a fait un travail complet sur la liste des villes conquises à cette occasion, liste qui couvre un large pan de muraille à Karnak et qui comprend une foule de localités connues par la Bible[1].

A défaut des grandes inscriptions, qui commencent à manquer complétement, la tombe des Apis a permis à M. Mariette de compléter la liste des Pharaons de la xxii⁰ dynastie, et les petits monuments contiennent quelques faits et quelques notes généalogiques qui nous ont fait connaître une quantité de personnages de cette époque.

Mais les divisions intestines recommencent bientôt à troubler la vallée du Nil. Le pouvoir souverain est usurpé par de petits princes établis dans toutes les parties de l'Égypte. Pendant ce temps, une famille royale, qui paraît originaire de Thèbes, s'était établie au fond de la Nubie. On trouve, au pied du mont Barkal, les restes des monuments élevés par ces souverains, éthiopiens par leur résidence, mais complétement égyptiens de langue, d'écriture et de civilisation. Ammon est leur Dieu; ils se donnent même comme les Pharaons légitimes, et, profitant de la division des princes égyp-

---

[1] V. Brugsch, *Géographie*, t. II, p. 59, et M. Lepsius, *Sur la xxii⁰ dynastie de Manéthon*.

tiens, ils revendiquèrent bientôt la royauté suprême sur toute la vallée du Nil. Ce sont là des notions entièrement nouvelles et introduites dans l'histoire par une série de monuments sortis des fouilles exécutées près du mont Barkal par les ordres du vice-roi d'Égypte. Un cheik arabe, muni des instructions de M. Mariette, ayant dirigé ces opérations, mit bientôt au jour une énorme inscription, dont une copie sommaire, esquissée dit-on par un Arabe, fut expédiée à M. Mariette. Le monument ayant enfin été apporté au Caire, on a pu vérifier les conjectures hasardées par M. Mariette et ensuite par M. de Rougé sur l'étude de ce premier croquis. Voici le résumé du récit que M. de Rougé a extrait de la grande stèle de Gebel-Barkal. Le roi Pianchi-Mériamon, résidant en Éthiopie, avait néanmoins une partie de ses armées répandue dans la Thébaïde, qu'il dominait déjà au début du récit. Il apprend que les divers princes qui gouvernaient dans les autres parties de l'Égypte sont en grand émoi. L'un d'entre eux, nommé Taf-necht-ta, prêtre de Neith et chef de Saïs, s'est depuis peu singulièrement agrandi : il a réduit à son obéissance tous les princes du Delta et de l'Égypte moyenne, et la Thébaïde est menacée à son tour. Pianchi-Mériamon envoie d'abord ses lieutenants pour arrêter les progrès de l'ennemi. Quant à lui, il descend à Thèbes et séjourne dans cette ville pendant les fêtes d'Ammon, puis il se porte de sa personne à la tête de ses légions. Après de longs combats, il termine la campagne par la prise de Memphis. Il soumet tous les princes de la Basse-Égypte; Taf-necht-ta lui-même finit par implorer sa clémence. Le roi éthiopien impose partout des tributs, tant au profit de son trésor royal que pour enrichir les temples d'Ammon thébain. Il fait procéder, à Memphis et à Héliopolis, à la célébration de tous les rites usités pour le couronnement des Pharaons, se comportant dans tout le détail, s'il faut en croire le récit de Barkal, non comme un conquérant étranger, mais comme un souverain légitime qui ménage ses sujets et se contente de châtier les rebelles. Il répète ainsi à plusieurs reprises que « ses soldats n'ont pas fait pleurer un enfant dans les cités paisibles qui lui ouvraient leurs portes. » Quelle que pût être la légitimité de la suprématie ainsi réclamée les armes à la main par Pianchi-Mériamon, on voit naître le grand pouvoir de l'Éthiopie, problème inexpliqué jusqu'ici, et cette première expédition contre les Égyptiens divisés fait déjà pressentir la conquête définitive que Sabacon fera quelques années plus tard.

M. de Rougé identifie Taf-necht-ta, le Saïte, avec le Tnephachthes[1] que Diodore donne pour père à Bocchoris, auquel l'historien attribue la même origine. De ce dernier roi, qui avait pourtant laissé une assez grande trace dans l'histoire comme législateur, nous ne connaissons que le nom égyptien Bokenranef, retrouvé par M. Mariette dans la tombe des Apis. Ce roi succomba, dit l'histoire, sous les coups de Schabak (Sabacon), qui fonda la dynastie éthiopienne, comptée par Manéthon comme la xxv°. La durée de cette dynastie fut remplie par une lutte constante entre les rois éthiopiens d'Égypte et les rois d'Assyrie, et le théâtre de la guerre fut tantôt en Syrie, comme dans l'expédition de Tarhaka, et tantôt en Égypte, comme le prouvent les victoires d'Assar-Haddon consignées dans les inscriptions cunéiformes. Ces documents, comparés à de nouvelles inscriptions sorties également des fouilles de Gebel-Barkal, permettront d'éclaircir l'histoire de ces luttes sanglantes qui ne paraissent avoir cessé qu'avec le règne de Psamétik Ier, chef de la xxvi° dynastie.

Nous devons encore aux fouilles de la tombe des Apis le document précieux qui relie le règne de Psamétik Ier avec les dernières années de la dynastie éthiopienne. C'est l'épitaphe d'un Apis, né la 26° année de Tarhaka et mort la 20° année de Psamétik Ier, et qui avait vécu 21 ans. Cette trouvaille de M. Mariette établit solidement et l'autorité au moins nominale de Tarhaka à Memphis, jusqu'à sa 26° année, et les bases du comput de Psamétik, qui compte dans son règne officiel tout le temps de la dodécarchie.

---

[1] La leçon primitive était probablement Τεφνάχθης.

Nous reviendrons plus loin sur ces épitaphes officielles des Apis qui ont pris une place si décisive dans la chronologie.

A partir de l'accession de Psamétik à la couronne, les Grecs nous ont transmis des documents assez fidèles sur l'histoire de l'Égypte, désormais ouverte à leur activité. Les monuments n'ont pas beaucoup enrichi nos connaissances en dehors de leurs récits; ni les victoires, ni les revers éclatants des rois saïtes n'ont été l'occasion de grandes inscriptions monumentales, qui du moins aient été respectées par le temps. Il en est tout autrement de la conquête de Cambyse et des désastres qui l'ont suivie. Une grande inscription, gravée sur la robe d'une statuette naophore, appartenant au musée du Vatican, avait été remarquée par Champollion, à cause des cartouches royaux qui figuraient dans son contexte et dont la présence semblait inexplicable. L'étude complète de ce monument fournit à M. de Rougé les faits les plus curieux et les plus inattendus. Cambyse, avant l'issue désastreuse de son expédition en Éthiopie, qui porta sa colère contre les Égyptiens jusqu'à la démence, avait suivi les conseils d'une politique adroite et modérée. C'est ce que M. Letronne avait déjà pressenti; mais personne, sans le témoignage formel de l'inscription du Vatican, n'aurait assurément soupçonné que le fier adorateur d'Ormuzd aurait poussé la condescendance envers le corps sacerdotal jusqu'à se faire initier aux mystères de Neïth, la grande déesse de Saïs. Cambyse voulut accomplir tous les rites sacrés, prescrits pour le couronnement des Pharaons. Il se fit proclamer ainsi *Fils du Soleil* et se fit composer, à la manière égyptienne, un prénom royal qui constatait cette céleste origine. Cette découverte si curieuse obtenue par M. de Rougé, de l'analyse du texte controversé, fut confirmée plus tard par la rencontre que fit M. Mariette, dans les caveaux du Sérapéum, de la légende complète de Cambyse avec ses titres royaux et ses deux cartouches.

Le récit gravé sur la statuette naophore se prolonge bien au delà de l'intronisation de Cambyse; il se borne à indiquer d'une manière générale qu'une affreuse calamité vint ensuite fondre sur l'Égypte, mais il donne des détails plus précis sur la politique de restauration suivie par Darius. Le prêtre de Saïs à qui nous devons ce monument constate la justice et la clémence du fils d'Hystaspe et se vante avec raison d'avoir employé la faveur qui lui fut accordée par le monarque perse, pour faire rentrer chacun dans les droits dont il aurait été dépossédé. Tel est en substance le récit du prêtre de Saïs conservé par la statuette naophore du Vatican [1].

Nous n'avons plus de progrès bien notable à signaler pour l'histoire, jusqu'à l'époque des Ptolémées; mais ici les monuments redeviennent si nombreux qu'il serait impossible d'analyser les renseignements partiels et néanmoins d'un grand intérêt que les égyptologues ont su en tirer. M. Lepsius a publié un tableau d'ensemble, résumant tous les titres égyptiens des rois macédoniens et leur généalogie. D'un autre côté M. Mariette a mis au jour, au Sérapéum, toute la série des taureaux sacrés, morts successivement pendant cette période, dont chaque partie est ainsi dotée de monuments hiéroglyphiques et démotiques, qui sont loin d'avoir porté tous leurs fruits. Le terrain est d'ailleurs d'une immense étendue. Les fouilles de M. Mariette ont aussi fait sortir de terre le temple d'Edfou, conservé précieusement par les montagnes de décombres qui le cachaient aux deux tiers de sa hauteur. Ses murailles, brodées pour ainsi dire d'inscriptions et de tableaux, fourniront à plusieurs générations de savants la matière de travaux féconds. Mais c'est surtout par des détails mythologiques que les monuments de ce temps promettent à la science une récolte abondante.

La célèbre inscription bilingue de Rosette, la première pierre fondamentale de toute la science, est aujourd'hui reléguée au second rang par la découverte récente du décret bilingue daté de Canopus, et que M. Lepsius a rencontré dans les fouilles de Tanis. Le sujet en est par lui-même très-intéressant : après avoir célébré les

---

[1] Vicomte de Rougé, *Mémoire sur la statuette naophore*, etc. (*Revue arch.* 1851).

victoires et les bienfaits d'Évergète Ier, le corps sacerdotal, réuni à Canopus pour la fête du roi, fait connaître une fille de Ptolémée Évergète, morte dans sa jeunesse, et à laquelle on décerne les honneurs divins. Mais le but principal du décret des prêtres ainsi rassemblés consistait à proposer une réforme du calendrier, sur laquelle nous insisterons plus loin, et dont les bases sont pour nous du plus précieux secours. Nous avons dit plus haut quel éclatant témoignage le décret de Canopus est venu rendre aux succès des égyptologues.

Les monuments égyptiens du temps des Romains présentent encore de grandes chances de découvertes. Dendérah a tout dernièrement révélé de nouveaux souterrains à M. Duemichen et à M. Mariette. Une partie de leurs inscriptions publiées par ces savants montrent que les fondations du premier temple remontaient jusqu'aux temps les plus anciens, et que la tradition en Égypte donnait encore la main aux origines de la monarchie. Cette découverte ne peut donc qu'augmenter l'intérêt des longues inscriptions hiéroglyphiques qui couvrent les temples des basses époques, dans toutes leurs parties; elle montre que, malgré plusieurs siècles de domination étrangère, on peut espérer d'y recueillir beaucoup de renseignements d'un caractère purement égyptien.

Après avoir résumé les progrès de l'histoire pendant la période qui suivit l'expulsion des Pasteurs, période où, malgré quelques lacunes, on peut se rendre un compte à peu près constant de l'enchaînement des faits et des monuments, il nous reste à parler plus brièvement du premier empire, sur lequel les découvertes sont plus récentes. Le premier empire des Pharaons commence à Ménès, dans l'histoire comme dans les souvenirs consignés sur les monuments. Les premières notions vraiment critiques sur les plus anciennes dynasties ne datent que des recherches du capitaine Caviglia et de l'ingénieur Perring dans le groupe des pyramides de Gizeh, et de la publication du colonel Howard Wyse [1].

---

[1] *The pyramids of Gizeh*, 1839-1842.

Dans les cartouches royaux de Chufu, Chafra et Menkara, il fut aisé de reconnaître d'abord Souphis, le Chéops d'Hérodote, puis le Chephren du même historien et enfin le Mencherès de Manéthon, Mykerinos d'Hérodote. Le groupe des grandes pyramides était ainsi déterminé et rendu définitivement à la ive dynastie de Manéthon. L'exploration des tombeaux de Gizeh et de Sakkarah, accomplie par M. Lepsius, permit bientôt à ce savant de rapporter une quantité de cartouches royaux de la ve et de la vi^e dynastie, et son *Livre des rois d'Égypte* donna dans un ordre satisfaisant la plupart des noms connus [1]. Toutefois il faut reconnaître que ce n'est que l'apparition de la table royale trouvée à Sakkarah par M. Mariette, et surtout celle de la nouvelle table d'Abydos, dédiée par Séti Ier, qui ont fourni des données suffisantes pour coordonner avec certitude les noms royaux et par conséquent les monuments des premières dynasties. La table de Séti Ier a été mise au jour par les fouilles raisonnées de M. Mariette, dans le grand temple d'Abydos; mais elle fut aperçue et publiée d'abord par M. Duemichen après une visite faite en l'absence de M. Mariette. Elle est d'une importance sans égale pour l'histoire de l'ancien empire; en la joignant aux fragments du papyrus royal de Turin, dont elle a indiqué la véritable place et souvent éclairci la lecture, MM. Duemichen, Mariette et Devéria restituèrent successivement une grande partie des listes royales des premières dynasties. Ce n'était là toutefois qu'une série de noms propres; M. de Rougé, dans son *Mémoire sur les monuments des six premières dynasties* [2], montra qu'on possédait aussi les éléments d'une véritable histoire, du moins à partir du roi Snefru. Le plus ancien bas-relief d'Ouadi-Magarah, rappelant une victoire sur les populations de la presqu'île du Sinaï et la fondation d'un établissement égyptien dans cette localité, est du temps de Snefru.

[1] Lepsius, *Königsbuch*, Berlin, 1858.
[2] *Mémoire sur les monuments qu'on peut attribuer aux six premières dynasties*, etc. (*Mémoires de l'Académie des inscriptions*, t. XXV, 2e partie).

Outre les mines de cuivre de ces montagnes, M. Brugsch a constaté dernièrement que les Pharaons y avaient, depuis l'antiquité la plus reculée, fait exploiter les filons contenant des turquoises. M. de Rougé avait déjà signalé cette inscription du roi Snefru comme le plus ancien monument historique d'un Pharaon à nous connu; les tombeaux de Gizeh lui permirent de placer Snefru immédiatement avant Souphis (Chufu). M. de Rougé a joint, dans le mémoire précité, à l'enchaînement des familles royales, la recherche des principaux personnages de chaque époque, la définition de leurs charges dans l'État et dans le corps sacerdotal, et quelquefois le récit de leurs principales actions. Il a mis en ordre tout ce que l'exploration des champs funéraires de Memphis et d'Abydos put lui révéler sur l'histoire de ces premiers temps. C'est ainsi qu'on apprit avec étonnement que sous les règnes de Papi-meri-ra (vi^e dynastie) et de ses fils l'Égypte possédait déjà toute la Nubie; qu'outre ses propres forces, elle avait discipliné à son profit de nombreuses troupes étrangères, tirées surtout du pays des nègres, et qu'elle envoyait de puissantes armées hors de ses frontières. Ces rois antiques avaient aussi fondé sur le Haut-Nil des établissements pour la construction des navires, et les Pharaons allaient, de leur personne, visiter cette partie si reculée de leurs domaines.

La restauration complète de la famille de Papi et l'histoire de sa dynastie forment, depuis le mémoire de M. de Rougé, un morceau bien complet; mais les temps qui suivirent restent très-obscurs. Les souvenirs historiques terminent la vi^e dynastie par les malheurs de la reine Nitocris et de sa famille. Le nom de cette reine n'a été retrouvé jusqu'ici que dans le papyrus royal de Turin, où M. de Rougé l'a découvert[1]. La table de Séti Ier et divers fragments du papyrus royal de Turin contiennent beaucoup de noms royaux qui appartiennent certainement aux viie, viii, ixe et x^e dy-

---

[1] *Examen de l'ouvrage de M. de Bunsen*, 1849.

nasties de Manéthon; mais, pour tout cet intervalle, nous ne possédons guère que des listes de cartouches. Vers le temps qui correspond à la xie dynastie de Manéthon, on peut citer le Pharaon S-anch-ka-ra qui dirigea une expédition en Arabie, étudiée tout dernièrement par MM. Goodwin et Chabas[1], et la famille thébaine des Antef dont M. Mariette a particulièrement recherché et déterminé les sépultures dans la plaine de Gournah. Nos musées possèdent plusieurs boîtes de momies provenant des princes de cette famille royale; mais nous savons peu de chose de leurs actions. Ici encore les monuments partiels redeviennent assez nombreux et sont loin d'avoir dit leur dernier mot.

Nous sommes beaucoup plus avancés en ce qui concerne la xiie dynastie, où tout fait pressentir une des époques les plus brillantes de la longue existence du peuple égyptien. Les traces de sa puissance et des grands monuments qu'elle avait élevés se trouvent depuis la Basse-Égypte jusqu'au fond de la Nubie. Amenemha Ier en est le chef; M. Lepsius a donné le premier l'ensemble de sa famille, et il a défini, dans le papyrus royal de Turin, le fragment qui la commence et ceux qui la terminent et en fournissent même le résumé chronologique. On sait donc, par ce témoignage authentique, que les Égyptiens évaluaient sa durée totale à deux cent treize ans; mais la répartition de ce chiffre entre les règnes partiels souffre des difficultés, parce que ces Pharaons eurent l'habitude d'associer leurs fils à la couronne, ce qui fut même quelquefois l'occasion d'un système de doubles dates sur les monuments. C'est ainsi que le comput des deux premiers règnes a été éclairci par une stèle provenant des fouilles d'Abydos et interprétée par M. Mariette. Sa double date (l'an 30 = l'an 10) montre qu'Amenemha Ier associa son fils Usurtesen Ier à la couronne, en l'an 21 de son règne[2]. Ce fait se coordonne admirablement avec un document conservé dans un des papyrus de Berlin, expliqué par MM. Chabas

---

[1] W. Goodwin et Chabas, *Voyage d'un Égyptien*, etc. 1866, p. 56.

[2] V. de Rougé, *Album de la mission*, n° 146.

et W. Goodwin. Un personnage nommé Sancha, qui avait quitté le service d'Amenemha Ier et entrepris un voyage aventureux, raconte à un chef étranger les nouvelles de la cour d'Égypte. Amenemha vit encore, mais on ne le voit plus, et il est retiré au fond de son palais. Ses conseils aident son fils Usurtesen à gouverner l'Égypte avec gloire et bonheur. Sancha raconte ensuite comment, après un long séjour hors d'Égypte, il reçut un message du roi et revint à la cour d'Usurtesen, qui lui donna de grandes dignités. Cette même tradition sur les deux premiers rois de la XIIe dynastie est rappelée dans un morceau de littérature qui paraît avoir joui d'une grande renommée; car on en a retrouvé des fragments dans divers manuscrits de la XIXe dynastie. Dans cet écrit, intitulé « Préceptes du roi Amenemha adressés à son fils, » le vieux monarque expose ses principes de gouvernement; il y résume lui-même les conquêtes de son règne en disant « qu'il a battu les *Uaua* (en Nubie) et qu'il a ramené en Égypte les *Ma'aï*. » Ce dernier peuple, Libyen d'origine, fournit jusqu'aux derniers temps de la monarchie des légions spéciales aux armées des Pharaons [1].

M. Brugsch a mis à profit, dans son Histoire d'Égypte, la grande inscription de Beni-Hassan, qui donne la succession des quatre premiers rois de la XIIe dynastie; il a également extrait les principaux documents des stèles gravées en Éthiopie par ces souverains qui consolidèrent et étendirent dans le Midi la puissance égyptienne. M. Lepsius a fait remarquer les grands travaux exécutés à cette époque dans le Fayoum. Nous retrouverons les admirables tombeaux de Beni-Hassan en nous occupant de l'histoire des arts. Toutefois, si nous rappelons que la XIIe dynastie a laissé des monuments importants à Tanis, à Héliopolis, à Ouadi-Magarah, à Hammamat, dans l'Heptanomide, dans le Fayoum, à Karnak et dans la Nubie, il nous sera permis d'attendre encore beaucoup des efforts de la science pour compléter son histoire. Abydos est le champ fu-

---

[1] M. de Rougé, *Cours du Collège de France*, 1865.

néraire de tous les grands personnages de cette époque; il a peuplé les musées d'Europe de ses stèles, et M. Mariette y a découvert récemment le colosse osirien d'Usurtesen Ier. Sa figure a heureusement échappé à toute mutilation, et son profil purement égyptien rappelle plus qu'aucun autre le type national du fellah.

Le dernier cartouche de la xiie dynastie, *Sebekneferu*, est un nom féminin, suivant la remarque de M. de Rougé; la dynastie se terminait en effet par une femme, au témoignage de Manéthon. Les noms de Sebek-hotep et Nefer-hotep se remarquent surtout dans la famille royale qui se soude à la précédente, et que la science compte comme la xiiie dynastie. Les monuments y deviennent plus rares : il en subsiste assez néanmoins pour établir, avec M. de Rougé, que le pouvoir souverain ne fut pas encore divisé. On a trouvé d'énormes colosses élevés par un des Sebek-hotep dans l'île d'Argo jusqu'au fond de l'Éthiopie, pendant que Thèbes et Abydos gardaient aussi les souvenirs de leur royauté et que la Basse-Égypte elle-même envoyait les statues de ces rois à nos musées d'Europe. Les fouilles de M. Mariette ont découvert des colosses de la xiiie dynastie dans l'enceinte du temple de Tanis. S'il y eut division du pouvoir, comme on peut le penser, à l'époque de l'arrivée des Pasteurs, «qui s'emparèrent du pays presque sans combat,» suivant Manéthon, cette division est nécessairement postérieure à toute cette partie de la xiiie dynastie. Pour les successeurs des Sebek-hotep et pour la xive dynastie, originaire de Xoïs, au témoignage des listes royales, il faut nous passer d'histoire et nous contenter d'une série de noms royaux qui correspond tant à une partie de la chambre des rois de Karnak qu'à de nombreux fragments du papyrus de Turin.

On retrouve quelques-uns de ces noms sur des monuments rares et peu importants, et qui néanmoins ne permettent pas de penser que ces listes royales aient été grossies à plaisir. C'est dans un temps de profonde obscurité pour l'histoire, et probablement dans un temps de faiblesse extrême, causée par les divisions intérieures, que les Pasteurs apparurent et purent insensiblement s'emparer du Delta et imposer enfin leur autorité aux princes de toute l'Égypte.

§ 3. CHRONOLOGIE, ASTRONOMIE, CALENDRIER.

On peut dire, sans exagération, que la chronologie de l'histoire égyptienne était restée tout entière dans le domaine des conjectures et des calculs ingénieux, jusqu'à l'apparition des épitaphes officielles des Apis, découvertes par M. Mariette dans le Sérapéum. La chronologie est une science exacte et ne peut sortir des méthodes mathématiques sans perdre tout son caractère. C'est s'exposer à une véritable pétition de principe et vouloir bâtir en l'air que de commencer les calculs à Ménès, comme on l'a fait trop souvent. Il faut au contraire s'appuyer sur un terrain solide, et le canon de Ptolémée fournit cette base indispensable, pour les derniers temps de l'histoire ancienne. La conquête de Cambyse est le point de suture nécessaire entre ce canon et les dates pharaoniques. Il est regrettable qu'on ne soit pas complétement d'accord sur l'année précise de cette invasion : M. Lepsius place le triomphe des Perses à la cinquième année de Cambyse; M. Brugsch et M. de Rougé ont adopté la troisième année. Ces auteurs trouvent que cette date se concilie mieux avec les faits; elle semble d'ailleurs favorisée par l'épitaphe de l'Apis mort pendant le règne de Cambyse; malheureusement ce monument ne nous est parvenu que dans un affreux état de mutilation : mieux conservé, il eût définitivement tranché la question et relié le règne de Cambyse à celui d'Amasis par un chiffre certain. Suivant MM. Brugsch et de Rougé, la fin de l'empire des Pharaons devra être placée en 527 avant notre ère.

Les épitaphes des Apis morts sous la XXVIe dynastie se suivent sans lacune; elles forment une série de chiffres précis, apportés par M. Mariette à la science et qui permettent de remonter sans interruption jusqu'à la première année de Psamétik Ier, qui, d'après ce comput, se trouvera placé en 665 avant notre ère[1]. L'épitaphe de l'Apis né sous Tarhaka franchit l'époque difficile de la dodécarchie; ainsi que l'a montré M. Mariette, cet Apis vécut 21 ans. Il est mort la vingtième année de Psamétik; il était né la 26e année de Tarhaka. Ce document rapporte donc la première année du comput officiel de Tarhaka à 692 avant Jésus-Christ.

Ici s'arrête, en ce moment, le véritable domaine des chiffres chronologiques, et nous entrons sur le terrain glissant des conjectures et des appréciations. D'une part les monuments sont criblés de lacunes, au point de vue chronologique, et d'autre part, la confrontation des listes de Manéthon avec les séries authentiques des dates sorties de la tombe des Apis n'a pas donné des résultats de nature à concilier aux chiffres de ces listes la confiance des critiques. Pour l'exactitude des chiffres, des fautes considérables ont pu être relevées dès le temps de la xxvie dynastie, non-seulement dans les nombres partiels, mais encore dans le total chronologique de la dynastie. Pour la méthode, en insérant entre Tarhaka et Psamétik Ier les trois règnes de Stephinates, Nekepsos et Nekao Ier, les listes contiennent un double emploi au point de vue chronologique[2]. Que toutes ces erreurs soient du fait des copistes et des faiseurs d'extraits, cela est extrêmement probable, car il est impossible de supposer que Manéthon n'ait pas eu dans la main les documents les plus complets et les plus exacts, au moins sur la famille de Psamétik. M. de Rougé avait depuis longtemps constaté la même discordance pour la xiie dynastie : ni les chiffres partiels des règnes, ni le total même de la dynastie, donné par le papyrus de Turin, n'étaient conservés fidèlement dans les listes grecques[3].

Il est donc certain que l'addition des chiffres partiels de Manéthon, même après les corrections que les monuments fournissent çà et là, ne saurait constituer ce qu'une critique exigeante pour-

---

[1] Voyez M. de Rougé, *Notice de quelques textes publiés par M. Greene,* 1855 (*Bulletin de l'Athénéum français*).

[2] M. de Rougé, *Cours du Collége de France,* 1865.

[3] *Examen de l'ouvrage de M. de Bunsen.*

rait appeler *une chronologie*. On ne s'étonnera pas, après cet exposé, si l'on constate qu'il existe autant de systèmes que d'auteurs ayant abordé le problème de la chronologie des dynasties égyptiennes. Il est cependant juste de remarquer que la discussion contenue dans le Livre des Rois d'Égypte de M. Lepsius mérite toute attention par le soin extrême avec lequel elle a été conduite et par une connaissance approfondie des matériaux chronologiques qui pouvaient servir à cette vaste reconstruction des temps. Les concordances bibliques garantissent tout au moins le comput contre une trop forte chance d'erreur jusqu'au moment de la prise de Jérusalem par Scheschonk Ier (première moitié du xe siècle). Mais la concordance de temps entre Moïse et le grand Ramsès II, quoique précieuse pour l'histoire, ne fournit pas à la chronologie un secours aussi assuré, parce que l'époque de l'Exode est restée, du côté de la critique biblique, l'objet d'une controverse sans issue certaine, les divergences sur la longueur de la période des Juges embrassant plus de deux siècles.

A côté de nombreux calculs d'ensemble, sans bases critiques et sans portée scientifique, et qu'il serait vraiment inutile d'énumérer ici, il est juste de faire remarquer que la plupart des égyptologues ont toujours tenu un compte suffisant de ces difficultés[1]. Déçus du côté de la sincérité des listes et par les lacunes de l'histoire monumentale, quelques-uns se sont retournés du côté de l'astronomie et lui ont demandé le secours de ses calculs pour planter quelques jalons dans l'espace, en déterminant l'époque précise de quelque événement consigné sur les monuments. Mais ici toutes les bases elles-mêmes du comput étaient à découvrir. Il fallait d'abord se faire une idée exacte des connaissances astronomiques des anciens Égyptiens, déterminer l'objet et l'exactitude possible de leurs observations; il fallait surtout connaître la valeur, la forme et l'emploi de leurs divisions du temps, la longueur de leurs années

---

[1] Voy. M. de Rougé, *Examen de l'ouvrage de M. de Bunsen*, 1847-1848.

et l'enchaînement exact de leurs jours avec les jours de l'année julienne. Or, les données précises sur tous ces points manquaient absolument il y a quelques années, et il est juste de dire que M. Biot entreprit ses premiers calculs sur la foi d'interprétations incomplètes ou décidément fausses; les résultats de ses premiers mémoires ne pouvaient donc pas être historiquement exacts; toutefois, il montra la méthode à suivre et il éclaircit singulièrement les conditions nécessaires au succès de ces sortes de recherches. M. Lepsius, dans son introduction à la chronologie, et, après lui, M. Brugsch et M. de Rougé soumirent à la critique les données archéologiques qui pouvaient fournir les premiers éléments aux calculs rétrogrades. C'est à M. Brugsch qu'on doit la première définition exacte des trois saisons ou tétraménies qui composaient l'année égyptienne, et par conséquent leur place naturelle dans l'année solaire. Il fit voir que la première tétraménie était celle de l'inondation, la seconde correspondant au mot *pre*, que les Coptes appliquaient à l'hiver, et la troisième au mot *schôm*, nom que les Coptes donnaient à l'été. Ces deux derniers noms ne pouvaient d'ailleurs présenter qu'une approximation, puisque les Coptes avaient dû traduire les noms des saisons grecques, de trois mois chacune, par des mots de leur langue s'appliquant à trois saisons de quatre mois. Le nom de la saison *schôm* particulièrement ne pouvait signifier été que par extension, puisque l'été grec commençait quatre mois plus tard, au solstice, et en même temps que la saison du débordement du Nil. C'est ce que M. de Rougé fit voir en montrant sur un monument d'El-kab la véritable signification des noms antiques de la deuxième et de la troisième saison. La saison *pre* était celle des semailles, et la saison *schôm* (ou *schemu*) celle des récoltes[1]. L'ordre des saisons proposé par M. Brugsch était ainsi complétement vérifié, et l'on peut dire qu'il pouvait se

---

[1] Voy. M. de Rougé, *Note sur les conditions préliminaires des calculs*, etc. Revue archéologique, 1864, et communications diverses faites à l'Académie.

passer déjà de l'éclatante confirmation que lui a apportée le décret bilingue de Canopus.

Quant à la longueur précise de l'année employée dans les dates égyptiennes, tout était également à vérifier. On savait en effet, par un imposant ensemble de témoignages, que les Égyptiens avaient employé, au moins à certains usages, une année vague de 365 jours, et cependant il était non moins certain qu'ils avaient connu une année fixe de 365 jours un quart, réglée, quant à son point initial, par le retour périodique du lever héliaque de Sothis (*Sirius*). Le jeu de cette année vague, retardant d'un jour tous les quatre ans dans l'année fixe sothiaque, forma cette période de restitution que les astronomes alexandrins et romains appelèrent la *période sothiaque* (ou le *cycle cynique*). Parmi les ouvrages qui ont le mieux expliqué le caractère et la valeur de ces deux années, il semble qu'on doive surtout recommander le premier des trois mémoires posthumes de M. Letronne, qui a su trouver de nouveaux indices de l'antiquité vraiment égyptienne de la période sothiaque[1]. M. Lepsius et M. de Rougé soutinrent toujours que ces deux années, ainsi définies, avaient formé depuis un temps très-considérable la base de tout comput chez les Égyptiens. M. Brugsch prétendit néanmoins que les dates civiles étaient énoncées dans une troisième année toute différente. Cette année qui, suivant ce savant, aurait été fixe comme l'année sothiaque, mais dont le point initial aurait été celui de l'année alexandrine réformée par Auguste, devrait être considérée comme la véritable année civile de l'Égypte antique. M. de Rougé avait déjà démontré le peu de solidité des bases à l'aide desquelles s'élevait le nouveau système de M. Brugsch[2], lorsque le décret bilingue de Canopus vint faire voir clairement que les dates civiles étaient énoncées dans l'année vague, et donner la vérification *a posteriori* qui manquait à la science sur ce point. Les

---

[1] *Nouvelles recherches sur le calendrier des anciens Égyptiens* (*Mém. de l'Acad. des inscript. et belles-lettres*, t. XXIV, 2ᵉ page).

[2] *Zeitschrift für ægyptische Sprache*, etc. 1865-1866.

prêtres égyptiens expliquent en effet, dans ce texte précieux, que l'année de 365 jours étant seule en usage, il résulte de cette longueur insuffisante que les fêtes se déplacent constamment d'un jour tous les quatre ans par rapport à l'ordre naturel des saisons. Pour remédier à cet inconvénient, ils veulent attribuer à Ptolémée Évergète la gloire de réformer le calendrier, et ils proposent d'ajouter, tous les quatre ans, après les cinq jours complémentaires, un jour intercalaire spécial qui sera consacré par une fête en l'honneur du roi. Ils constatent que dans cette année, la neuvième d'Évergète, le lever de Sothis avait coïncidé avec le premier jour du mois de Payni (10e mois de l'année vague). L'intercalation décrétée aura pour effet de maintenir dorénavant ce lever au 1er Payni, et de fixer l'année dans la position qu'elle occupe à cette date du règne d'Évergète [1].

La question de savoir dans quelle mesure le décret de Canopus fut exécuté, et s'il composa réellement un nouveau style applicable aux dates civiles, au moins pendant un certain temps, est très-délicate, et sa solution doit résulter de l'examen des dates subséquentes. Les faits que constate le décret sont, quant au passé, de la plus grande importance : l'emploi de l'année vague pour les dates civiles ne peut plus être contesté, et la date du 1er Payni indiquée pour le lever de Sothis à la neuvième année d'Évergète est également un gain inestimable pour le chronologiste; c'est la vérification de tout l'enchaînement des jours de l'année vague avec l'année sothiaque. Cet enchaînement est bien celui qu'indiquaient les astronomes grecs, et sur lequel étaient fondées toutes les tables de concordance. Il s'y trouve néanmoins une différence apparente d'un jour dont il faudra chercher l'explication, car l'an neuvième d'Évergète correspondant à 239-238 avant notre ère, le lever de Sothis y eût été placé, suivant les tables, au 2 Payni. La connaissance antique du déplacement continu de Sothis, avançant un jour

---

[1] Lepsius, *Das bilingue Decret von Canopus*, Berlin, 1866.

tous les quatre ans dans l'année vague, est maintenant affirmée par un document incontestable, ainsi que la remarque faite par les prêtres du jour de l'année vague auquel le phénomène était rapporté, c'est-à-dire tous les éléments de la période sothiaque. On a de plus acquis la certitude que le groupe hiéroglyphique que M. de Rougé avait particulièrement signalé dans les calendriers comme correspondant à la mention du lever de Sothis a bien réellement cette signification précise. Cette traduction avait été contestée; or, le texte grec du décret de Canopus dissipe tous les doutes en mettant en regard du groupe en question le verbe ἀνατέλλει. Cette certitude, ainsi que les notions que nous venons d'énumérer, doivent provoquer un nouvel examen du travail de M. Biot sur les levers de Sothis mentionnés à Thèbes et à Éléphantine [1].

Pour que les calculs de l'illustre savant subsistassent dans leurs résultats chronologiques, il fallait admettre la réalité de plusieurs faits alors contestables. Il fallait que l'année vague eût été la seule en usage dans les notations ordinaires. C'est ce que les termes du décret de Canopus forcent aujourd'hui d'admettre implicitement. Il fallait que l'enchaînement des jours de l'année vague avec ceux de l'année julienne fût connu d'une manière certaine, et la solution de cette question ne laisse plus guère à désirer. Il fallait encore admettre que l'année vague avait bien été composée de 365 jours, dès l'époque soumise aux calculs; mais cette condition était déjà remplie, puisque M. de Rougé avait prouvé [2] que les cinq jours épagomènes étaient usités en Égypte au moins depuis la XIIe dynastie. Il était enfin nécessaire que la traduction « Lever de Sothis » fût à l'abri de contestation. Toutes ces conditions sont réalisées par le témoignage du décret bilingue, trouvé à Tanis, et le travail de M. Biot devra être étudié par les savants sous le nouveau jour jeté par cette découverte. M. de Rougé a résumé les nombreux tra-

---

[1] Voy. Biot, *Recherche de quelques dates absolues*, 1853; et le même, *Sur un calendrier astronomique*, etc. 1852.

[2] *Examen de l'ouvrage de M. de Bunsen*, 1847.

vaux de M. Biot sur l'astronomie et le calendrier égyptien, dans une étude publiée par la *Revue contemporaine*[1]; il en avait dès lors précisé la portée au point de vue chronologique, et ce travail pourra servir de point de départ pour les études rendues nécessaires par l'apparition du nouveau document bilingue. Les principales questions relatives à la chronologie égyptienne ont d'ailleurs été traitées dans le cours de 1865, au Collège de France, et un résumé de ces leçons, rédigé par M. Robiou, a été publié dans la *Revue de l'instruction publique*[2]. L'enseignement classique a donc aujourd'hui entre les mains des matériaux suffisants pour redresser les erreurs fondamentales qui continuaient à vicier la plupart des livres en usage pour l'histoire ancienne au chapitre de l'Égypte.

§ IV. ARTS, LITTÉRATURE, MOEURS, RELIGION.

Après avoir résumé les progrès de l'histoire générale et de la chronologie, il nous resterait à rendre compte des faits qui caractérisent l'esprit d'un peuple, et auxquels l'école historique de notre temps est de plus en plus disposée à donner la première place parmi les sujets dignes de ses investigations. Mais ici l'analyse devient plus difficile; les notions nouvelles sont répandues dans tous les ouvrages des égyptologues, et la science n'est pas assez mûre pour réunir en un faisceau satisfaisant ses acquisitions sur les sujets si intéressants qui composent le titre de cette section. Il faudra nous contenter d'indications partielles. Sir G. Wilkinson a concentré une véritable mine de documents curieux dans son grand ouvrage intitulé *Manners and customs of the ancient Egyptians;* mais l'élément historique manque souvent dans ce travail, d'ailleurs excellent, et les figures des dieux, par exemple, sont presque toutes empruntées aux monuments ptolémaïques.

L'histoire des arts présente en Égypte des variations assez nombreuses, dans le style comme dans la beauté des monuments. Les

---

[1] Voy. *Revue contemporaine*, numéro du 30 novembre 1862.

[2] Voy. *Revue de l'instruction publique*, janvier-février 1866.

premiers explorateurs ne furent frappés que du caractère général d'uniformité que les règles hiératiques avaient imposé à certaines parties des arts; mais ce masque est trompeur, et l'étude approfondie des monuments fournit à l'archéologue l'occasion de signaler des différences extrêmement intéressantes. La première définition des caractères propres à l'art des dynasties primitives apparaît dans les deux Notices des monuments du Musée du Louvre rédigées par M. de Rougé (1852-1855). L'avant-propos de la Notice sommaire décrit (page 26) les caractères principaux de la sculpture primitive de l'époque des pyramides, avec des traits généraux, que d'éclatantes découvertes sont venues confirmer : c'est « l'imitation d'un type plus fort et plus trapu, » la recherche plus vraie et plus simple des formes naturelles. Le chef-d'œuvre de ce style, mis au jour par M. Mariette, la statue du Pharaon Chafra, montre de plus que le ciseau égyptien savait déjà se jouer des matières les plus rebelles et tailler des statues colossales dans les roches les plus dures. Les tombeaux du champ funéraire de Memphis ont révélé, dans les bas-reliefs et dans le tracé des inscriptions, une finesse de gravure, égale déjà, sous la ve dynastie, à tout ce que l'Égypte fit jamais de plus beau. Ils posent ainsi le problème, plus insoluble que jamais, d'un art primitif, et qui semble être déjà l'héritier de procédés d'une habileté supérieure. L'architecture effraie également l'imagination par la grandeur des pyramides, et inspire les mêmes réflexions par la perfection qu'on remarque dans l'exécution des diverses parties intérieures de ces prodigieuses sépultures des rois. M. Mariette, en découvrant le temple du sphinx, nous a probablement initiés aux premiers modèles architectoniques des temples. La richesse des matériaux y forme contraste avec l'extrême simplicité de la décoration : l'albâtre et le granit rose y sont seuls employés. Point de traces de colonnes; des piliers rectangulaires et monolithes soutiennent d'immenses architraves, et la symétrie des distances a été sacrifiée à la longueur respective des blocs de granit qui courent d'un pilier à l'autre. Dans la tombe de Ti (v^e dynastie), sortie également des fouilles de M. Mariette, les piliers de proportions plus élégantes font déjà pressentir la colonne : sur les murailles et pour la décoration des portes, les seuls éléments d'ornementation admis dans le style primitif, à savoir la ligne droite et les lotus, composent un ensemble aussi simple qu'harmonieux. Le pilier rectangulaire aux belles proportions amène bientôt à la colonne polyédrique et, à la XIIe dynastie, les tombeaux de Beni-Hassan fournissent le parfait modèle de cet ordre admirable que Champollion avait nommé *protodorique*. Le goût le plus délicat ressent une satisfaction complète devant les harmonieuses lignes de ces colonnes cannelées, et la riche imagination des Grecs n'aura plus qu'à enrichir ce thème déjà si parfait pour arriver à ses chefs-d'œuvre immortels[1]. Les monuments grandioses du second empire, malgré la richesse et la variété de leur ornementation, n'apportent peut-être pas, au regard de l'archéologue, une satisfaction aussi complète, et l'on retrouve avec un grand plaisir le style simple et sévère de la première antiquité, employé quelquefois par Toutmès III, dans des monuments de petite dimension[2].

C'est encore aux fouilles de M. Mariette que nous devons une page curieuse et entièrement nouvelle dans l'histoire de l'art : les monuments de l'époque des Pasteurs. Le ciseau puissant des artistes memphites fut mis au service d'une race aux traits énergiques, et d'un type bien différent des formes allongées et amaigries qu'on rencontre habituellement vers la XIIIe dynastie. Rien de saisissant comme l'aspect de ces figures au nez large et recourbé, aux pommettes saillantes, aux lèvres déprimées vers les coins, physionomies hautaines et dédaigneuses, accoutrées avec une véritable crinière et avec des oreilles de lion, ou avec de longues boucles de cheveux retombant sur les épaules. La diorite dans laquelle ces monuments sont tous taillés ajoute à leur effet par le sentiment

---

[1] Voir *Notice sommaire des monuments égyptiens du Louvre*, p. 27 et suiv.

[2] Voir *Album de la mission* de M. de Rougé, pl. 61.

d'une impérissable dureté que révèle l'aspect de son grain serré et par sa couleur sombre[1].

Si la sculpture du second empire a quelquefois produit des œuvres d'une extrême finesse, surtout quant à la pureté des profils humains, il est juste de reconnaître qu'elle abandonna trop généralement, surtout à Thèbes, les beaux principes de l'art memphite des premières dynasties. L'abus réitéré des modèles hiératiques avait fait dégénérer jusqu'au tracé le plus déplorable les lignes qui reproduisent le dessin des membres humains. Tout muscle et toute vie a disparu de ces silhouettes uniformes qui semblent découpées d'après un mannequin.

Memphis retrouva une ère brillante de l'art sous les Pharaons de la famille de Psamétik Ier. Il semble que son école ait toujours été mieux douée que celle de Thèbes. La grâce et la vie reparaissent dans les œuvres des Saïtes, et c'est encore M. Mariette qui nous en a révélé les chefs-d'œuvre, tant dans la statue d'albâtre de la reine Ameniritis que dans les ravissantes figures sorties des dernières fouilles de Sakkarah.

Le gouvernement français prépare à l'histoire des arts en Egypte un véritable monument : la publication des matériaux réunis par M. Prisse dans ce but spécial rendra un grand service à l'archéologie, car aucun artiste n'a saisi avec autant de sûreté les nuances fines et très-variées des divers styles égyptiens. Il ne nous reste qu'à appeler de tous nos vœux l'achèvement de ce magnifique ouvrage.

Les meilleures notions sur les mœurs des Égyptiens sont répandues dans l'ouvrage de Sir G. Wilkinson[2]; beaucoup de traits intéressants sont aussi épars dans les publications des égyptologues. Le travail spécial que M. J.-J. Ampère avait entrepris pour éclaircir la question des castes n'a malheureusement pas été terminé. En fait de questions particulières, il y a lieu de signaler les connais-

---

[1] Voir *Album de la mission* de M. de Rougé, pl. 116-124. — [2] *Manners and customs*, etc.

sances nouvellement acquises sur la médecine des Égyptiens. Un manuscrit hiératique du musée de Berlin, publié et expliqué par M. Brugsch, a révélé le style de leurs formules médicales. M. Chabas a repris ce sujet et déchiffré aussi quelques parties nouvelles du manuscrit[1]. A côté de recettes puériles, on peut distinguer les germes des vrais principes de toute science médicale, à savoir l'étude des principales parties du corps humain et l'observation des symptômes dans quelques maladies. Plusieurs manuscrits du même genre sont encore signalés, et de leur étude comparée résultera nécessairement plus tard une connaissance exacte de la science médicale chez les Égyptiens, si toutefois le nom de science peut être appliqué à un aussi bizarre assemblage de pratiques, dont quelques-unes du moins n'ont pu avoir un but sérieux.

Parmi les monuments qui permettent de pénétrer dans la vie intime des Égyptiens, il en est toute une série qui s'est révélée successivement par les progrès de la science, et qui promet les fruits les plus inespérés comme les plus riches et les plus variés : nous voulons parler des monuments purement littéraires. L'éveil avait été donné sur ce point par la publication des papyrus Sallier et Anastasy; mais ce n'est que par la traduction du petit roman intitulé l'*Histoire des deux frères*[2] qu'on eut la première preuve de ce que pouvait fournir en ce genre l'antiquité égyptienne. A côté des hymnes sacrés et des pièces officielles de toutes sortes, il y avait une littérature de pure imagination. Des compositions sur les matières les plus diverses se sont rencontrées dans ces manuscrits. M. W. Goodwin a donné, dans le Recueil de l'Université d'Oxford et dans le *Frazer's magazine*, des extraits considérables de ces sujets variés, traités par les scribes de la xixe dynastie comme simples thèmes d'exercices littéraires. Outre le fragment, malheureusement trop mutilé, qui contenait la légende du roi pasteur *Apapi* (Apophis), M. de Rougé a élucidé le calendrier conservé dans les pa-

---

[1] Chabas, *Études égyptologiques*, I. — [2] Vte de Rougé, *Notice sur un manuscrit égyptien*, etc. *Revue archéologique*, 1852.

pyrus de la collection Sallier et rempli des indications les plus curieuses; c'est également dans la même collection qu'il a recueilli le premier texte du poëme de Pentaur[1] sur la campagne de Ramsès II. MM. W. Goodwin et Chabas ont, dans ces dernières années, réuni leurs efforts pour la traduction de quelques-uns de ces morceaux littéraires et nous ont donné récemment le *Voyage en Syrie,* partie considérable d'un des papyrus Anastasy, publiés par le Musée Britannique.

Quant au mérite littéraire de ces compositions, s'il nous est difficile d'apprécier aujourd'hui les délicatesses de style dont se vantent souvent les scribes égyptiens, nous pouvons néanmoins reconnaître facilement la belle ordonnance du petit poëme de Pentaur, le mouvement du récit et l'élévation réelle des pensées, surtout dans la belle invocation adressée à Ammon par Ramsès, dans le danger qui le menace[1]. On ne peut non plus refuser une conception élevée, des images saisissantes et des expressions remarquables à certains passages des hymnes déjà connus. On peut citer aussi, comme un des documents les plus intéressants qui aient été fournis par les papyrus, le compte rendu d'un jugement prononcé par une commission royale siégeant à Thèbes et conservé dans le *Papyrus judiciaire* du musée de Turin, qui a été traduit et expliqué par M. Devéria (*Journal asiatique,* 1866). Nous assistons là à l'instruction et au jugement d'une sorte de complot dont le but nous est mal défini, mais où le gynécée royal fut singulièrement compromis. Le crime entraîne la peine capitale, et le châtiment atteint, outre les criminels, tous ceux qui avaient manqué de surveillance et même certains juges qui sont, à leur tour, considérés comme complices et encourent pour leur faiblesse (ou peut-être pour leur justice) la colère du Pharaon.

Tous les textes que nous venons d'indiquer appartiennent à la xviiie ou à la xixe dynastie; mais le premier empire eut déjà sa

---

[1] Voir le *Poëme de Pentaur.*

littérature, et nous en possédons encore quelques monuments. Les papyrus de Berlin nous ont conservé deux compositions du temps de la xiiᵉ dynastie. Tout événement, vrai ou fictif, fournissait matière à des développements littéraires. Dans le premier document, un pauvre paysan est injustement privé de son petit domaine par un fonctionnaire avide. L'auteur prend de là occasion de faire rédiger par l'opprimé des requêtes très-développées et qui deviennent de véritables tirades sur les devoirs des hommes et particulièrement sur la justice; mais ce morceau curieux n'a encore été interprété que partiellement. Le second papyrus est le récit d'un aventurier et nous a fourni plus haut quelques détails sur le commencement de la xiiᵉ dynastie; il a été traduit en grande partie par M. Goodwin.

C'est au même savant et à M. Chabas qu'on doit l'interprétation de quelques fragments du plus ancien de nos manuscrits égyptiens, c'est-à-dire le livre des sentences de *Ptah-hotep*, donné par M. Prisse à la Bibliothèque impériale. L'auteur était un prince de la vᵉ dynastie; il se représente comme accablé de vieillesse et invoque d'abord le secours d'Osiris pour donner aux hommes les fruits de son expérience.

Le livre est rempli de préceptes de morale et de conseils de toute sorte pour la jeunesse. Ce sont là les sources les plus pures et les plus fécondes où l'on devra puiser les notions intimes sur les mœurs et le caractère des anciens Égyptiens. Ces documents se multiplient, et ils ouvrent à l'étude un champ qui ne sera pas épuisé par une seule génération de savants.

L'Égypte est un monde qui paraît se dilater et s'agrandir à mesure qu'on l'étudie, et la mythologie y forme à elle seule un monde nouveau qui embrasse le ciel et la terre. Le Panthéon égyptien de Champollion était une œuvre prématurée, et néanmoins quels aperçus profonds (et vérifiés par la suite) contient déjà cet essai du maître! Les principales divinités de l'Egypte y furent dénommées et expliquées avec quelques-uns de leurs attributs.

Le résumé mythologique qui accompagne les figures des dieux dans la *Gallery of Egyptian antiquities* du *British Museum* (1844) marque un très-grand progrès. M. Birch y définit chaque personnage divin à l'aide de textes purement égyptiens qui en établissent la véritable physionomie.

Il reste énormément à faire dans cette partie de la science, et néanmoins il ne faut pas méconnaître les travaux remarquables auxquels elle a donné lieu. Sir G. Wilkinson a réuni une grande collection des divinités égyptiennes dans les planches de son bel ouvrage, *Manners and customs*, etc. Mais il était nécessaire d'introduire dans l'étude de la mythologie égyptienne deux éléments de critique qui avaient manqué à tous les premiers ouvrages sur cette matière, à savoir, la définition des cultes locaux et la distinction des époques[1]. C'est le seul moyen de se reconnaître dans ce labyrinthe orné de fictions si variées et peuplé de personnages divins si nombreux.

L'Égypte pharaonique est un empire composé d'une multitude de familles et de cités, qui toutes ont conservé, avec une incroyable persistance, les noms et les formes de leurs divinités propres et les particularités de leur culte et de leurs symboles. Champollion a le mérite d'avoir posé les premières bases de cette étude des dieux locaux; mais c'est à la géographie de M. Brugsch[2] qu'on doit le premier travail d'ensemble sur cette matière, ainsi qu'une multitude de documents nouveaux. Il a été suivi dans cette voie par M. Jacques de Rougé, qui a commencé la publication et l'explication de toute une série de textes géographiques, recueillis pendant la dernière mission française. Les dieux de chaque nome y sont énumérés ainsi que les principales circonstances de chaque culte; les jours de fête et les noms spéciaux des prêtres et des prêtresses de chaque région figurent également dans cette statistique reli-

---

[1] Voy. M. de Rougé, *Notice sommaire*, etc. page 102.

[2] Brugsch, *Die Geographie des alten Ægyptens*, t. I, 1857; t. II, 1858 et 1860.

gieuse, gravée sur les soubassements des principales salles et des galeries du temple d'Edfou[1].

La participation des femmes au sacerdoce est aujourd'hui un fait avéré pour presque toute la surface de l'Égypte, et M. de Rougé a constaté, dans son *Mémoire sur les six premières dynasties*, que les reines et les princesses du premier empire étaient toutes revêtues, comme à l'envi, des premières dignités sacerdotales. On a même pu établir que, dans le second empire, les familles royales thébaines avaient constamment conservé le sacerdoce féminin d'Ammon comme une marque du sang royal et des droits héréditaires à la couronne[2]. Ce trait important des mœurs égyptiennes, qui se lie à la condition élevée accordée aux femmes dans la société égyptienne et avec leurs droits à la succession royale, paraît avoir été méconnu par Hérodote.

La persistance des types divins dans chaque localité est un autre fait très-considérable qui a été mis en lumière d'une manière éclatante par toutes les fouilles sans exception. Les temples furent toujours rebâtis ou restaurés en l'honneur des mêmes divinités, et souvent aux mêmes lieux où d'anciens sanctuaires étaient tombés en ruines. La tâche qui incombe aujourd'hui à la science consistera à définir, à l'aide du dépouillement des textes, quelle était la physionomie particulière de chaque école religieuse, et à quels symboles elle avait particulièrement confié ses doctrines. Quant aux publications qui ont commencé l'inventaire de la mythologie égyptienne et débrouillé avec succès quelques-uns de ses chapitres, on peut citer la dissertation de M. Lepsius sur le premier cycle des dieux égyptiens[3]. La dissertation de M. Mariette sur le culte rendu aux taureaux sacrés et sur le rôle divin attribué à la vache, mère d'Apis, doit également être signalée à l'attention des

---

[1] Jacques de Rougé, *Textes géographiques du temple d'Edfou*, Revue archéologique, 1865, 1866, 1867.

[2] Jacques de Rougé, *Revue archéologique*, année 1865, *Nome de Thèbes*.

[3] Lepsius, *Ueber den ersten Götterkreis*, etc. 1851.

savants. M. Chabas a, de son côté, fait de bonnes recherches sur le culte d'Osiris, en traduisant un hymne à ce dieu [1]. La notice sommaire des monuments égyptiens du Louvre contient un résumé substantiel des notions acquises sur chaque groupe divin [2].

Au milieu de cette foule de personnages mythiques empruntés à tous les nomes et à toutes les fictions, c'est l'honneur de l'archéologie d'avoir su distinguer et mettre en lumière deux points fondamentaux qui restèrent constamment en honneur, et qu'on peut considérer comme la nuée lumineuse qui ne cessa de guider les croyances égyptiennes au milieu des divagations populaires et sacerdotales : *l'unité d'un Dieu suprême* et *l'immortalité de l'âme*. Suivant la doctrine résumée par M. de Rougé [3], le Dieu suprême de l'Égypte est bien tel que le décrivait Jamblique « *un, existant par lui-même, éternel et créateur de tout ce qui existe.* »

L'idée de l'émanation divine servit à concilier cette unité suprême avec le polythéisme le plus développé. M. de Rougé fit voir le premier anneau de cette chaîne dans le mystère de la paternité divine telle que l'exposaient les textes sacrés de l'Égypte. L'inscription de la statuette naophore du Vatican, décrivant sommairement l'initiation de Cambyse aux doctrines de Neith, à Saïs, fut pour lui l'occasion de réunir les textes fondamentaux qui montrent le Dieu suprême se reproduisant perpétuellement lui-même et se montrant successivement sous les caractères de père et de fils, sans cesser toutefois d'affirmer son unité. C'est le *un de un*, dit un hymne du Musée de Leyde; Jamblique dira plus tard, *le premier de premier*. L'espace céleste jouant le rôle du sein maternel pour cette mystérieuse et éternelle génération devient la déesse mère, Neith à Saïs, Mauth à Thèbes. Toutefois le personnage du fils se dédouble promptement, au moins pour le vulgaire, et le produit divin est manifesté au monde : à Saïs, le soleil *Ra* est le fils de Neith; à Memphis, c'est aussi le soleil qui reçoit pour père

---

[1] *Revue arch.* 1857. — [2] M. de Rougé, *Notice sommaire, monuments religieux.* — [3] *Notice sommaire,* page 103.

Tanen, un des noms de *Ptah* créateur; à Thèbes, le fils prend le nom mystérieux de *Chons* et s'identifie à la lune. Dans le sanctuaire de Karnak, Ammon est qualifié *mari de sa mère*, et l'on voit que, dans cette première légende, le père et le fils restaient unis dans la même personnalité.

Le plus important des textes religieux connus et expliqués jusqu'ici est sans contredit le chapitre xvii du *Rituel funéraire*[1], qu'on a caractérisé à bon droit comme « le formulaire de l'initié. » Chaque point de la doctrine y est exposé par des formules, souvent fort obscures, et sur lesquelles le défunt est censé subir une sorte d'interrogatoire. Il répond à chaque verset par une explication, quelquefois aussi obscure que le premier texte, souvent aussi plus intelligible pour nous. Au milieu des ambages et des symboles de toute espèce, on peut néanmoins saisir avec certitude les principaux traits de la doctrine sur le mystère du Dieu suprême, sur les ténèbres primordiales, sur l'apparition première du soleil et le commencement du monde, enfin sur l'immortalité et le but final de l'âme.

Le recueil de textes sacrés que l'on trouve avec les momies et auquel Champollion a donné le nom de *Rituel funéraire* est particulièrement consacré à cette dernière partie de la doctrine, qui paraît intimement liée avec le culte d'Osiris. On a pu constater que ce culte était répandu par toute l'Égypte, et que les reliques matérielles de ce Dieu étaient vénérées dans diverses cités[2] éparses dans toute la vallée du Nil. Osiris, par sa vie supposée, par sa mort funeste et par sa résurrection, était le type de l'homme et revêtait spécialement pour l'âme le caractère de Dieu sauveur. Tout le *Rituel* montre l'âme justifiée s'identifiant à Osiris pour ressusciter et s'immortaliser avec lui. Son culte est extrêmement ancien en Égypte. Celui de son antagoniste, *Set* ou *Typhon*, ne l'est pas moins. M. de Rougé a fait remarquer que, dès la iv⁰ dynastie,

---

[1] Voy. M. de Rougé, *Études sur le Rituel funéraire*, *Revue archéologique*, 1860.

[2] Jacques de Rougé, *Revue archéologique*, 1866.

Set était le représentant de la souveraineté de la Basse-Egypte, comme Horus, vainqueur de Set à son tour, personnifiait la royauté de la Haute-Égypte. Le cycle d'Osiris, qui comprend Isis, Set, Nephthys, Horus, Thoth et Anubis, était complet dès l'origine de la monarchie pharaonique; il joue le premier rôle dans les doctrines funéraires. L'ensemble de ces doctrines a été connu des anciens, et, en général, Champollion en a bien saisi l'esprit dès ses débuts. La publication du papyrus Cadet, contenant un bon exemplaire du *Rituel funéraire,* fut suivie de celle du grand rituel de Turin, mis entre les mains des savants par M. Lepsius; c'était le premier pas fait dans d'immenses études qui défièrent longtemps les efforts de l'interprétation.

Nous avons dit que ces textes étaient aujourd'hui abordés avec succès. M. Brugsch a publié les invocations qui composent les premiers hymnes, et divers autres chapitres ont déjà trouvé des interprètes; toutefois, c'est une moisson difficile et à laquelle les ouvriers les plus intrépides pourront travailler pendant de longues années. Les hymnes du Rituel sont les *Védas* de l'Égypte, et il serait très-intéressant de déterminer l'antiquité respective des divers morceaux réunis dans ce livre. MM. Lepsius et W. Goodwin ont appelé l'attention sur cette question. Plusieurs fragments importants ont déjà été reconnus dans les monuments de l'ancien empire. C'est ainsi que le chapitre XVII, où se trouve le formulaire que nous avons expliqué plus haut, existait déjà, dans ses principales parties, avant la XIIe dynastie. Le chapitre LXIV, qui contient un bel hymne consacré à l'immortalité de l'âme, est également d'une haute antiquité. Il est donc permis d'affirmer que les deux grands dogmes sur lesquels nous avons insisté, parce qu'ils attestent l'unité divine et la dignité humaine, appartenaient à la race égyptienne depuis son berceau. On ne peut les présenter ici ni comme le fruit tardif d'une civilisation plus développée ou d'un âge plus littéraire, ni comme le produit d'une importation étrangère. L'expression *Dieu* est familière à *Ptah-hotep,* l'auteur de notre plus ancien papyrus, et il se réfère à Dieu comme à la source de tout précepte moral. La science qui peut déjà apporter un tel résultat à l'histoire antique a le droit de dire que les travaux les plus pénibles sont déjà récompensés.

FIN

DES ÉTUDES ÉGYPTIENNES.

EXPOSÉ HISTORIQUE

DU DÉCHIFFREMENT

DES ÉCRITURES CUNÉIFORMES.

EXPOSÉ HISTORIQUE

DU DÉCHIFFREMENT

DES ÉCRITURES CUNÉIFORMES

Hérodote (Melpomène, IV, LXXXVII) raconte que Darius fit placer sur les rives du Bosphore deux stèles de pierre blanche, sur lesquelles il fit graver en Ἀσσύρια γράμματα pour l'une, et en caractères grecs pour l'autre, les noms de toutes les nations qui lui étaient soumises et qu'il traînait à sa suite. Plus tard, ajoute l'historien, les Byzantins ont enlevé ces deux stèles qu'ils ont employées à la construction de l'autel de Diane Orthosienne, excepté une pierre qu'on a laissée près du temple de Bacchus à Byzance, et qui est entièrement chargée de lettres assyriennes.

Ce texte est d'autant plus curieux qu'il nous apprend que l'écriture des Perses était dite *écriture assyrienne*. Toutefois, des passages de Strabon et d'Arrien constatent qu'il y avait une différence entre les caractères assyriens et les caractères persiques. Ces deux espèces de caractères étaient très-certainement des caractères cunéiformes.

I.

SYSTÈME PERSIQUE.

Les ruines de Persépolis sont aujourd'hui bien connues, grâce aux belles explorations qui ont été accomplies à des époques assez récentes; dessins et moulages, plans, vues d'ensemble, rien ne nous manque plus aujourd'hui pour juger de l'importance de ces ruines splendides. Les textes cunéiformes y abondent, et tous ont été soigneusement copiés, commentés et traduits, après que la transcription en eut été opérée par un effort inouï de travail.

Indépendamment de Persépolis, des textes de ce genre se rencontrent à Nakhchi-Roustam, à Mourghab, au mont Elvend, à Behistoun, et au Khorkhor de Van.

Depuis don Garcias de Sylva Figuero, ambassadeur de Philippe III à Goa, qui visita la Perse en 1618, les ruines de Persépolis furent décrites avec admiration par une suite de voyageurs, et les inscriptions cunéiformes qui les couvrent furent signalées, dès 1621, par Pietro della Valle comme une écriture *sui generis*, procédant de gauche à droite.

En juin 1693, les *Transactions philosophiques* de Londres publièrent un spécimen assez bien copié des inscriptions de Tchelminar ou Persépolis, pris en novembre 1667 par Flower, agent de la Compagnie des Indes en Perse. Flower estime que cette écriture se lit de gauche à droite.

Au xviiie siècle, les voyageurs continuèrent d'être plus heureux que les savants d'Europe, surtout que l'anglais Hyde, qui méconnut bizarrement la nature des inscriptions cunéiformes, aussi bien que la langue des livres qui devaient un jour en donner la clef, grâce au dévouement héroïque de notre immortel Anquetil-Duperron. Après Kæmpfer, après Van Bruyn, qui rapportèrent de nouveaux spécimens des inscriptions de Persépolis, le Danois Karsten Niebuhr, père du célèbre historien, visita cette antique capitale, en 1765. Doué d'une rare sagacité, et véritable précurseur des découvertes de nos jours, Niebuhr recueillit et copia avec fidélité, sur les murs du palais de Persépolis, des textes aussi purs que nombreux. Il démontra par des preuves palpables que ces textes devaient se lire de gauche à droite; il fit plus, il reconnut que les inscriptions se trouvaient groupées trois par trois, et que chacune d'elles était affectée à un système spécial de combinaisons de l'élément primitif. Il constata que, dans le texte qui offrait le développement le plus considérable, il ne se rencontrait que quarante-deux caractères distincts, et qu'un clou oblique, de gauche à droite, s'y présentait très-fréquemment à des intervalles inégaux.

Dans le second système, le clou incliné ne se montrait plus, mais il s'en trouvait parfois un vertical parfaitement isolé et qui semblait jouer un rôle tout particulier. Dans ce système, les caractères étaient formés de combinaisons moins simples de l'élément primitif. Le nombre de celles-ci s'élevait à près d'une centaine.

Dans le troisième système enfin, le clou incliné avait également disparu, mais le clou vertical isolé se montrait aussi de temps en temps. Ces combinaisons étaient plus nombreuses et plus compliquées encore que dans le second système.

Un nouveau pas était fait en avant, pas immense incontestablement.

Tout, cependant, dans le travail du savant Danois, n'était pas digne de la même confiance. Ainsi, il supposa que les trois inscriptions groupées ensemble représentaient non-seulement le même texte, mais encore la même langue, et qu'elles étaient simplement écrites avec trois caractères différents. Cette grave erreur ne l'empêcha pas de dresser fort exactement le catalogue des quarante-deux lettres de l'écriture la plus simple des trois. Ce nombre restreint pouvait donc s'appliquer à un véritable alphabet; mais quel était cet alphabet, et quelle langue représentait-il?

En 1798, Tychsen comprit et déclara que le clou isolé oblique pouvait servir à séparer les mots. Deux ans après, Münter adoptait et confirmait cette observation, et, en 1803, Silvestre de Sacy analysa son travail dans le *Magasin encyclopédique* de Millin. Se servant de la comparaison des signes cunéiformes avec les alphabets zend et pehlvi, le savant évêque de Seeland était parvenu à dresser un tableau de douze caractères dont il pensait avoir reconnu la valeur alphabétique. Sur ces douze caractères, deux seulement, l'A et le B, étaient trouvés en réalité ; mais, à cette époque, nul encore n'avait le droit de considérer ces deux valeurs comme définitives, ou les dix autres comme erronées.

Sans parler des tentatives tout à fait excentriques faites par l'orientaliste Lichtenstein sur une brique de Babylone et sur le célèbre *Caillou de Michaux*, aussi bien que sur les inscriptions de Persépolis, nous arrivons enfin au véritable point de départ des études sérieuses qui ont conduit à la parfaite intelligence de ces textes énigmatiques. Le 4 septembre 1802, George-Frédéric Grotefend communiqua à l'Académie de Goettingue les résultats de ses premières découvertes.

Peu familiarisé avec les langues orientales, il aborda l'étude des textes cunéiformes à l'aide de l'histoire et de l'archéologie seules.

Il admit que les trois textes juxtaposés représentaient les mêmes idées tracées en trois langues et en trois écritures différentes ; en un mot, que chaque inscription était trilingue. Il reconnut le rôle du clou incliné. S'appuyant sur les traductions des textes sassanides récemment publiées par Silvestre de Sacy, il reconnut qu'un groupe déjà désigné par Tychsen et Münter comme devant contenir le titre royal le contenait en réalité, et qu'il devait correspondre au titre *Chaïnchah* du persan moderne, ayant le sens de «Roi des Rois.»

Puis il établit, avec un instinct et une sagacité au-dessus de tout éloge, une série de trois groupes représentant probablement des noms propres. Les deux premiers seuls étant suivis du titre royal, il en conclut que le troisième nom représentait le nom d'un fondateur de dynastie. Ces observations si fines le conduisirent à retrouver ainsi les séries : «Xerxès, Roi des Rois, fils de Darius,» et «Darius, Roi des Rois, fils d'Hystaspe,» et à en proposer une épellation à très-peu près exacte, que les études postérieures ont en grande partie confirmée.

Grotefend essaya de plus de lire le nom d'Ormuzd, dont il avait réellement retrouvé le groupe représentatif ; mais il le fit cette fois avec moins de succès.

Les résultats obtenus par le professeur de Hanovre étaient le fruit d'une sagacité supérieure, voisine de la divination, et il ne pouvait guère être suivi dans cette voie. Il y manquait la base philologique, la connaissance de la langue des inscriptions. Cette langue était proche parente de celle des livres de Zoroastre, du *Zend-Avesta*, rapporté et traduit par Anquetil-Duperron, mais sans une intelligence directe de l'idiome dans lequel il est écrit. L'illustre vieillard n'avait point désespéré d'y parvenir, et il en savait assez pour consacrer par son approbation les déchiffrements de Grotefend. Trente ans plus tard, l'œuvre devait être reprise dans ses vraies conditions, et cette fois avec un complet succès.

Vers 1820, Saint-Martin reprit l'œuvre de Grotefend; mais son travail, publié en 1832 seulement, par Klaproth, ne fit faire au déchiffrement aucun progrès sensible, et n'eut que le mérite très-réel d'étayer fortement les découvertes de son prédécesseur.

Le professeur Rask, plus heureux, rectifia avec une grande justesse les valeurs de deux des signes dont Grotefend avait proposé la lecture. Sa découverte était cette fois fondée sur des appréciations de linguistique pure, et elle lui valut de lire le premier le nom d'Achéménès, personnage auquel la dynastie des Darius et des Xerxès devait son nom d'Achéménides, et de compléter à un signe près la transcription du nom persique d'Ormuzd.

L'année 1836 vit paraître à Bonn, au mois de mai, un travail de M. Lassen sur des inscriptions perses de Persépolis. Chaque caractère y recevait une valeur qui permettait de déchiffrer et de prononcer les textes de la première des trois écritures cunéiformes qu'il avait à sa disposition. En juin 1836, Eugène Burnouf publiait, de son côté, son Mémoire sur les inscriptions de Hamadan, et donnait également à chaque lettre une valeur qui lui permettait de faire l'application de son alphabet à tous les textes connus jusqu'alors.

Ici il est nécessaire de bien établir un fait, c'est que Lassen et Burnouf étaient depuis longtemps en correspondance assidue, et on a entendu raconter à Burnouf lui-même que, pendant qu'il s'occupait de la rédaction de son savant mémoire, il écrivit un jour à Lassen une lettre qu'il avait signée en caractères cunéiformes. A qui peut donc revenir la priorité d'une découverte que les deux illustres émules ont mise au jour à un mois de distance? De quelque manière que la question soit résolue, elle n'ôte rien, du reste, au mérite incontestable et incontesté de l'illustre Lassen. Son déchiffrement et celui de Burnouf, aussi heureux l'un que l'autre, ont été inspirés par les mêmes études, par les mêmes principes, par la même connaissance des langues intéressées dans la question; ce sont deux découvertes indépendantes, quoique connexes, et marquées chacune en soi du caractère de la démonstration philologique.

En 1835, intervenait de son côté, dans ces belles et neuves recherches où il devait conquérir une grande place, M. Rawlinson. Il était alors à Kirmanchah, sur la frontière occidentale de la Perse, et ne savait encore qu'une chose, c'est que Grotefend avait deviné plutôt que déchiffré les noms de plusieurs souverains Achéménides.

Ce fut par les inscriptions de Hamadan qu'il commença, comme le faisait Burnouf en Europe, et il parvint à y lire les noms de Darius, de Xerxès et d'Hystaspe. Se trouvant à peu de distance de Béhistoun, il copia, avec un soin extrême, la magnifique page d'histoire que les Achéménides ont laissée sur ces rochers. Grâce à ce trésor épigraphique, il déchiffra encore les noms Arsamès, Ariaramnès, Téispès et Achéménès, et il détermina ainsi la valeur de dix-huit caractères, avant d'avoir la moindre connaissance des progrès qui s'accomplissaient en France et en Allemagne.

C'est en 1836 seulement qu'il reçut, à Téhéran, une communication directe des travaux déjà anciens de Grotefend et de Saint-Martin, et il dut éprouver une vive satisfaction à voir qu'il était bien en avant sur eux dans la voie du déchiffrement. Au courant de 1837, il acheva la copie des textes de Béhistoun, et pendant l'hiver de cette année il envoya à la Société asiatique de Londres la traduction des deux premiers paragraphes de cette belle inscription, c'est-à-dire les titres et la généalogie de Darius. L'Europe lui renvoya en échange les beaux travaux de Lassen et de Burnouf, y compris le commentaire de ce dernier sur le Yaçna.

En 1839, la grande inscription de Béhistoun était transcrite et traduite; mais ce travail ne parvint en Europe qu'en 1843. Le texte ne parut dans le *Journal de la Société asiatique de Londres* qu'en 1846, et l'analyse et le commentaire explicatif ne furent publiés qu'en 1849. Sir H. Rawlinson eut du reste la parfaite loyauté de déclarer que son premier mémoire contenait un grand nombre d'erreurs; qu'à partir de cette époque seulement il fit des progrès sûrs et rapides, et c'est principalement à l'étude du commentaire de Burnouf sur le Yaçna qu'il les attribue.

Ici donc commence le rôle de la critique philologique et finit celui des découvertes proprement dites, en ce qui concerne les inscriptions conçues dans l'ancienne langue des Perses, écrites dans le premier des trois systèmes que nous avons signalés. Cette langue prenait son rang parmi les idiomes indo-européens, dans la Grammaire comparée de Bopp, et l'écriture avait désormais son alphabet.

Passons au second système.

II.

SYSTÈME MÉDIQUE OU MÉDO-SCYTHIQUE.

L'ordre dans lequel étaient constamment disposés les textes trilingues dans les inscriptions dont nous venons de parler ne pouvait être considéré comme indifférent, puisqu'il ne variait pas. Il a été facile d'en conclure que cet ordre était logiquement choisi, c'est-à-dire que le premier texte, ayant la place d'honneur, représentait l'idiome des maîtres, celui des Perses; le second celui des Mèdes, dont l'affinité avec ces maîtres était plus ou moins grande, et le troisième celui des Assyriens, Sémites de race, courbés sous la domination étrangère. En un mot, il en était des textes trilingues des rois achéménides comme de ceux qu'un souverain de la Perse actuelle devrait adopter pour être compris de tous ses sujets de race différente, c'est-à-dire le Persan, le Turc et l'Arabe.

« Le texte aryen, c'est-à-dire persique, a dit très-bien M. Ménant dans l'*Exposé* lumineux qu'il a fait du sujet qui nous occupe, devenait pour les recherches ultérieures ce que le texte grec de Rosette avait été pour les égyptologues. Il s'agissait d'abord de retrouver sous les signes inconnus du second système les noms propres constatés dans le premier. Il fut aisé de les reconnaître dans les plus courtes inscriptions, et de signaler, dans les textes plus étendus, les groupes qui correspondaient constamment aux mêmes groupes du texte persique.

« Bientôt on obtint la certitude qu'un signe distinctif indiquait invariablement les noms propres d'homme; c'était ce clou perpendiculaire qui n'apparaissait jamais dans le premier système et qui se retrouvait ici en avant de tous ces noms. Mais quand il fut question de déterminer par l'analyse les éléments d'un nouvel alphabet, il se trouva que les combinaisons du signe radical s'élevaient à plus de cent, ce qui était beaucoup trop pour exprimer de simples lettres; il fallut donc supposer des valeurs syllabiques, au moins pour un certain nombre de ces caractères. »

Ce fut en 1844 que M. Westergaard, au retour d'un voyage en Orient, publia dans les *Mémoires de la Société des antiquaires du Nord* son remarquable travail sur les textes médiques qui accompagnaient les textes aryens déjà connus et traduits. Ce travail, tout consciencieux et intéressant qu'il était, ne fut reçu qu'avec défiance par les philologues de l'Europe. On se demandait encore si le texte médique était bien la traduction du texte perse, et si les mots obtenus à l'aide des valeurs tirées de l'analyse des noms propres transcrivaient bien la langue que l'on voulait comprendre. Les formes grammaticales auxquelles on parvenait semblaient empruntées à une foule d'idiomes différents, et ce fait seul justifiait en quelque sorte la défiance des savants.

En 1846, le docteur Hincks, de Dublin, contrôla le premier le travail de Westergaard et fit une remarque très-précieuse. Westergaard avait pensé que toutes les voyelles n'étaient pas exprimées, et qu'un A bref était quelquefois inhérent à la consonne. Hincks pensa au contraire que, dans cette écriture, toutes les voyelles étaient exprimées au moins une fois, et qu'on exprimait quelquefois la voyelle après la consonne qui la précédait et avant celle qui la suivait; qu'ainsi, par exemple, on écrivait AN-NA-AP et l'on prononçait ANAP. C'était le premier pas fait sur le terrain du syllabisme des écritures cunéiformes du second et du troisième système.

Quatre ans plus tard (en 1850), M. de Saulcy fit paraître, dans le *Journal de la Société asiatique de Paris*, un travail dans lequel il examinait non-seulement les valeurs alphabétiques, mais encore les formes grammaticales si étranges auxquelles ces valeurs, obtenues par le dépouillement des noms propres, avaient conduit le savant Danois; il s'attacha surtout à faire ressortir et à constater ces bizarreries grammaticales qui pouvaient rendre suspecte une première traduction.

D'après M. de Saulcy, l'idiome médique avait une analogie assez étroite avec l'idiome des Perses pour que Strabon, qui n'y regardait pas de très-près, ait pu dire que les Perses et les Mèdes parlaient la même langue. Cet idiome a laissé des traces évidentes dans plusieurs dialectes, tels que le zend, le persan moderne, le turc, le mongol, l'arménien, le géorgien et la langue des Tsiganes. Mais le turc, plus que les autres langues congénères, présente des débris fort reconnaissables de l'ancienne langue des Mèdes.

L'écriture était syllabique, c'est-à-dire qu'un signe étant attribué à chaque articulation, un autre signe bien distinct, mais constant, représente cette articulation avec une voyelle inhérente. Enfin, une remarque importante faite par ce savant, c'est que certains signes de l'écriture médique ont sans doute de la ressemblance avec les signes perses de même valeur; mais la plupart d'entre eux présentent avec ceux de l'écriture assyrienne des formes identiques. De là l'identité déjà pressentie des deux systèmes graphiques.

C'était le travail le plus complet qui eût été donné jusque-là sur les inscriptions du second système, au point de vue de l'analyse, et la confirmation évidente des traductions de M. Westergaard.

Mais tous les textes n'étaient pas connus encore. Il restait surtout à analyser et à comprendre le texte correspondant de la grande inscription de Béhistoun. Sir H. Rawlinson l'avait soigneusement relevé; il permit à M. Norris de le publier avec une traduction et des commentaires à l'appui, et le travail de ce savant parut dans le *Journal de la Société asiatique de Londres* (vol. XV, part. 1), en 1853. Les valeurs attribuées aux signes déterminés par les recherches de Westergaard et confirmées par celles de M. de Saulcy, ont subi heureusement le contrôle du déchiffrement d'un texte nouveau qui n'avait pu être la base de ces recherches; les résultats n'en étaient donc ni arbitraires, ni erronés.

M. Norris se donna le tort de mentionner à peine le dernier travail important qui eût précédé le sien, et qu'il ne pouvait ignorer puisqu'il avait été publié dans le *Journal de la Société asiatique de Paris*, en relation intime avec celle de Londres, et remis par l'auteur lui-même, en septembre 1850, dans les mains du secrétaire de cette Société. M. de Saulcy n'en reconnut pas moins, avec la loyauté qui le caractérise, que le mémoire de M. Norris avait complété le déchiffrement de l'écriture médique.

En résumé, tous les signes de cette écriture ont reçu une valeur syllabique qui permet de tout lire et de tout comprendre. Il ne reste plus d'incertitude que sur six ou sept caractères qui ne se trouvent pas dans les noms propres et qui sont d'un rare emploi.

La grammaire elle-même de la langue de ces inscriptions une fois déchiffrées est devenue intelligible en dépit de ses anomalies. Mais on s'est demandé naturellement quelle peut être cette langue qui semble avoir emprunté ses formes et ses racines à tant d'idiomes différents, et si, au contraire, elle ne leur aurait pas laissé ses débris.

A M. Oppert revient l'honneur d'avoir soupçonné le premier que cette langue pouvait représenter l'idiome des Scythes. Sir H. Rawlinson eut la même pensée; elle fructifia et M. Norris l'adopta entièrement. Aujourd'hui il paraît certain que cette langue se rattache en effet aux idiomes des populations Tartaro-Finnoises, comprises sous les vagues dénominations de Scythiques ou de Touraniennes, qui comprennent aussi les Mèdes non aryens, sans qu'on puisse encore distinguer d'une manière rigoureuse toutes les tribus qui, dans ces temps reculés, se mêlaient et vivaient de la même vie.

On va voir que, si les deux systèmes d'écriture dont il vient d'être question procèdent du même principe, mais en sont des applications essentiellement différentes, exprimant deux langues qui ne diffèrent pas moins entre elles, le second et le troisième système, duquel il nous reste à parler, ont l'un avec l'autre des rapports beaucoup plus étroits, quoique les idiomes qu'ils révèlent soient également distincts. Ce sont les inscriptions trilingues des Achéménides qui, par le rapprochement des textes perses avec les deux autres, ont conduit au déchiffrement de ceux-ci, traductions diverses des premiers, et par suite à l'intelligence plus ou moins avancée des inscriptions partielles et indépendantes à Ninive, à Babylone et ailleurs.

III.

SYSTÈME ASSYRIEN.

Grotefend, qui, par ses déchiffrements inspirés de quelques noms propres, avait ouvert les voies à la lecture des textes perses, fut encore celui qui, ces textes une fois traduits, s'en aida pour découvrir, par un nouvel acte de merveilleuse intuition, les noms de Cyrus, d'Hystaspe, de Darius, de Xerxès, dans les premiers textes assyriens parvenus en Europe. De plus, il devina, dans la grande inscription babylonienne de la Compagnie des Indes, le nom de Nabuchodonosor. Malgré la complication des caractères de cette inscription et d'autres encore, il vit que l'écriture de Babylone devait être une variété du système assyrien, et il conclut hardiment de l'écriture à la langue.

Toutefois, aucun travail sérieux sur les textes assyriens, qui allaient se multiplier d'une manière imprévue, n'avait eu lieu encore, lorsqu'en 1843 le gouvernement français décida la création d'un consulat à Mossoul; il fut confié à M. P. E. Botta, qui emporta dans ses instructions l'ordre de rechercher les traces de la Ninive biblique.

Ses premières tentatives restèrent stériles; mais un heureux hasard lui ayant fait connaître l'existence de monuments de sculpture enfouis dans le Tell de Khorsabad, M. Botta reporta tous ses efforts sur ce point. Il en fut amplement récompensé par la découverte du palais du roi Sargon, palais dont les admirables dépouilles sont venues plus tard enrichir le Louvre. A M. Botta fut adjoint un artiste des plus distingués, M. Flandin, grâce aux soins et aux talents duquel tout fut dessiné et mesuré dans les ruines explorées par notre savant consul. En 1845, M. Botta rentrait en France avec ses splendides collections de monuments originaux et de dessins.

Ce fut alors que M. Layard, initié par M. Botta au mode d'investigation qui avait déjà produit tant de trésors historiques, obtint de riches subsides du gouvernement anglais et put à son tour attaquer le Tell du Nimroud, avec un succès au moins égal. Puis ce fut le tour du Tell de Koyoundjik, qui recélait pareillement dans ses flancs les ruines d'un palais assyrien.

Pendant dix années, la Mésopotamie fut explorée en tout sens. M. Victor Place, successeur de M. Botta, termina les fouilles commencées par celui-ci, et, en 1852, MM. Fresnel et Oppert partirent pour aller étudier l'antique terre des Assyriens et des Babyloniens, tandis que, d'un autre côté, MM. Taylor et Loftus l'interrogeaient au compte du gouvernement anglais.

Les documents s'accumulaient, les monuments originaux s'entassaient, et, en 1855, M. Rawlinson annonça son retour à Londres, où il était temps de coordonner toutes les richesses que la science avait conquises.

Bien avant cette époque, naturellement, la curiosité des savants avait été surexcitée en Europe par l'annonce des belles découvertes de M. Botta. Dès 1845, ses premières lettres étaient arrivées, et l'annonce des inscriptions sans nombre dont elles promettaient la venue fit vivement comprendre la nécessité de se livrer avec ardeur à l'étude de l'assyrien et des inscriptions trilingues.

Le premier de tous, M. Isidore de Lœwenstern se mit bravement à l'œuvre, aussitôt qu'il eut connaissance des premières lettres adressées de Mossoul par M. Botta à M. Jules Mohl, de l'Académie des inscriptions, et publiées dans le *Journal asiatique* de Paris.

M. de Lœwenstern débuta par un mémoire intitulé : *Essai de déchiffrement de l'écriture assyrienne, pour servir à l'explication du monument de Khorsabad*, et ce mémoire fut imprimé à Paris en 1845. Lœwenstern avait compris d'instinct que la langue assyrienne devait être sémitique, et il chercha à déterminer la valeur des caractères qui l'exprimaient, au moyen de l'hébreu et de l'égyptien. Mais ses tentatives, que semblait d'ailleurs justifier l'analogie de tracé toute fortuite du signe qui représentait pour lui l'articulation *sch* avec le *schin* hébraïque, lui firent concevoir une espérance qui devait être déçue. Le fait est qu'il n'y a aucun rapport graphique entre les lettres assyriennes et celles des alphabets hiéroglyphique et hébraïque.

Sur ces entrefaites, M. Rawlinson se décida à publier le texte perse de la grande inscription de Béhistoun, et il l'accompagna d'un mémoire sur les écritures cunéiformes en général. Il ressortit de ce mémoire une classification ingénieuse des différentes espèces d'écritures, groupées suivant les caractères extérieurs qu'elles présentaient, mais sans que l'auteur laissât rien pressentir des interprétations et transcriptions de textes dont il paraissait avoir les mains pleines. Malheureusement, il ne se montrait guère disposé à les ouvrir. C'est là, nous le disons avec regret, une spécialité dont le savant anglais a voulu faire la sienne.

En 1847, parut un second mémoire de M. de Lœwenstern intitulé : *Exposé des éléments constitutifs du système de la troisième écriture de Persépolis*. Dans ce travail beaucoup plus précis que le premier, l'auteur comprit que le point de départ du déchiffrement devait se trouver dans les transcriptions assyriennes des noms propres perses des inscriptions trilingues. Il transcrivit ainsi en caractères hébraïques, lettre par lettre, les noms propres que Grotefend avait déjà déterminés sans les transcrire.

Ce fut en examinant les nombreuses variantes que lui présentaient les mêmes noms insérés dans les inscriptions trilingues des Achéménides que M. de Lœwenstern, à la vue de signes représentatifs différents pour des articulations identiques, conçut la théorie des *homophones*, théorie qui semblait, il faut en convenir, parfaitement logique.

Les recherches ultérieures ont démontré qu'il n'y avait pas en réalité d'homophonie dans l'écriture assyrienne; mais, nous n'hésitons pas à le répéter, l'idée émise par M. de Lœwenstern semblait tout d'abord empreinte du cachet de la logique la plus rigoureuse.

Déjà, en 1847, et non pas en 1849, comme on l'a dit, M. de Saulcy avait fait paraître successivement plusieurs petits mémoires sur les écritures cunéiformes. Ils avaient trait, pour la plupart, aux inscriptions de Van, dont on croyait encore alors la langue identique avec celle des véritables inscriptions assyriennes. Il était donc tout simple que l'auteur fît fausse route; aussi, plus tard, M. de Saulcy a-t-il jugé sévèrement lui-même des essais qu'il avait plus que tout autre le droit de juger ainsi.

La même année 1847, M. de Longpérier, pendant qu'il classait dans les galeries du Louvre les magnifiques monuments qui venaient les enrichir, essayait de les comprendre et d'en découvrir la date. Après avoir signalé, dans un article de la *Revue archéologique* (1re série), le groupe qui devait représenter le mot *Wazarka, grand*, groupe sur lequel s'était mépris M. de Lœwenstern, il confirma cette lecture par les inscriptions de Ninive, et il eut l'honneur d'y déchiffrer, le premier, la légende royale qui, se répétant sur plusieurs des monuments apportés de Khorsabad, faisait connaître le fondateur du palais découvert par M. Botta, tel qu'il est nommé dans le seul prophète Isaïe. Il traduisit ainsi, à très-peu près exactement, cette légende : *Glorieux* (est) *Sargon* (?), *roi grand, roi* (. . . .) *des rois* (??), *roi du pays d'Assour*.

On reconnaît ici la circonspection du vrai savant, qui cependant venait de faire une découverte féconde en résultats philologiques et historiques, quoique partielle.

Il n'était pas possible qu'un esprit aussi distingué, aussi bien préparé que M. Botta restât indifférent aux trésors épigraphiques exhumés par ses soins. Il avait retrouvé plus de deux cents inscriptions ninivites, et, comprenant tout ce que la science avait à gagner au déchiffrement de ces textes précieux, M. Botta se mit bravement à l'œuvre, les copiant tous avec le soin le plus minutieux. Une fois maître de ces documents, il les dépouilla et en tira un catalogue de six cent quarante-deux signes différents, en les classant suivant le nombre des éléments qui les composent. Puis il reconnut les textes identiques, les collationna, et en tira, par l'étude des variantes des mêmes mots, des séries de signes auxquels il assigna logiquement, comme l'avait fait avant lui Lœwenstern, le rôle d'homophones, conclusion qui pouvait être exagérée, prématurée, mais qui avait certainement sa raison d'être pour des signes différents qui, permutant entre eux, dans la composition d'un seul et même groupe, paraissaient représenter une seule et même idée.

Quoi qu'il en soit, M. Botta dressa avec une attention extrême et une sobriété très-louable un tableau des variantes, qu'il faudra toujours citer pour modèle[1]. Il fit plus, il démontra, grâce à l'appréciation matérielle des formes grammaticales et des désinences, que la langue cachée sous les textes corrélatifs de Persépolis, de Ninive et de Babylone, était la même, mais que cette identité disparaissait dès qu'il s'agissait des inscriptions de Van.

Chemin faisant, M. Botta signala des faits très-importants; ainsi il reconnut le signe du pluriel, le monogramme signifiant *Roi*, la formule *Roi des Rois*, le monogramme *peuple* au singulier et au pluriel, le pronom affixe de la première personne, et le pronom personnel *je* ou *moi*. Enfin M. Botta se prononça pour le sémitisme de la langue exprimée par les textes correspondants, à Persépolis, à Ninive et à Babylone.

De son côté, M. de Saulcy, à la même époque, s'occupait activement du déchiffrement des textes assyriens. Il ne s'agissait pas pour lui de chercher à deviner le sens de ces inscriptions, il voulait arriver à les lire, et à prouver qu'il les lisait.

Le 14 septembre 1849, il fit paraître un mémoire autographié dans lequel il donna, non-seulement un essai de transcription, mais encore un essai d'interprétation et d'analyse des textes. La première inscription qu'il prit pour sujet de ses études fut celle de l'Elvend, dont il avait à sa disposition les copies de Schulz, de MM. Coste et Flandin, et de M. Texier. Après avoir comparé ces trois textes, il parvint à s'assurer des erreurs de transcription qui auraient pu égarer ses recherches sur la forme de quelques caractères, et il réussit à séparer le texte assyrien en petites phrases correspondant mot pour mot au texte perse. Le résultat d'une ana-

---

[1] *Journal asiatique*, 1848, *Mémoire sur l'écriture assyrienne*.

lyse aussi minutieuse fut la lecture et la traduction du premier texte assyrien qui ait été traduit avec un commentaire à l'appui, pour justifier les valeurs attribuées à chaque signe, à chaque mot. Ce fut là une base solide pour les essais ultérieurs.

Les valeurs que M. de Saulcy attribue aux caractères assyriens dans ce premier travail sont alphabétiques. Le sémitisme de la langue qu'il découvre sous ces caractères lui paraît de plus en plus évident, mais le tient par cela même en garde contre l'idée que l'écriture pourrait bien être syllabique. Ajoutons que dès lors il reconnaissait, dans les textes analysés par lui, un certain nombre de signes purement idéographiques.

Ce premier mémoire fut suivi d'un second[1], dans lequel M. de Saulcy aborda les autres inscriptions trilingues des Achéménides qui étaient à sa disposition. La méthode de transcription demeure la même, c'est-à-dire d'une exactitude en quelque sorte mathématique; suivant pas à pas le texte perse, elle démontre de plus en plus le sémitisme de la langue assyrienne; qui plus est, en présence de certains signes, le syllabisme possible de l'écriture revient, bon gré mal gré, assiéger la pensée de l'auteur du mémoire. S'il eût généralisé le résultat où le conduisait forcément l'analyse de ces signes, c'est à lui que fût revenu l'honneur de découvrir l'une des lois les plus importantes de l'écriture assyrienne. Du moins, tout en continuant à penser et à essayer de prouver par ses analyses, que les textes assyriens des inscriptions achéménides étaient alphabétiques, il conjectura que l'écriture assyrienne avait dû être primitivement syllabique et que chaque signe, image des articulations essentielles autres que les voyelles, avait porté d'abord sa voyelle inhérente, tombée avec le temps, si bien que des signes qui avaient eu d'abord des rôles fort distincts étaient devenus homophones. Il allait jusqu'à écrire ce passage où la vérité était entrevue : « L'analyse des mots semble montrer fort souvent des traces manifestes d'un syllabisme

---

[1] 27 novembre 1849.

abandonné de fait, mais que la force de l'habitude faisait encore respecter assez fréquemment. Enfin il y a quelques signes qui, ayant encore l'apparence syllabique, comportent leur voyelle, non pas comme appui du son initial de la syllabe, mais comme véritable prise de son précédant la consonne. » Là était en principe la découverte du syllabisme.

Quoi qu'il en soit, les autres inscriptions assyriennes des Achéménides, analysées par M. de Saulcy, donnèrent pour résultat la détermination de cent-vingt caractères assyriens, c'est-à-dire de la totalité des caractères employés dans la rédaction de ces textes.

Grâce à ces derniers travaux, la plupart des inscriptions trilingues étaient traduites; l'on n'attendait plus, pour en contrôler les résultats, que le grand texte de Béhistoun qui paraissait devoir rester indéfiniment dans les mains jalouses de son heureux possesseur, alors que la France lui livrait si libéralement les inscriptions de Ninive, alors que les mémoires de M. de Saulcy lui parvenaient en Perse.

A cette époque de 1849, où les inscriptions du troisième système étaient encore regardées unanimement comme alphabétiques, sauf les réserves de M. de Saulcy à certains égards, le docteur Hincks de Dublin, abordant à son tour ces inscriptions, découvrait de son côté et cette fois généralisait le principe du syllabisme. M. Hincks faisait ainsi disparaître un grand nombre de signes que l'on avait crus homophones, parce qu'ils renfermaient la même consonne avec des voyelles différentes. Plus tard, dans son *Mémoire sur les caractères assyro-babyloniens*, publié en 1852, le syllabisme fut définitivement établi, pour les textes de Babylone comme pour ceux de Ninive. M. Hincks transcrivit et lut, par les mêmes procédés, le nom de Nabuchodonosor sur les briques de Babylone, et celui de Sennachérib dans les inscriptions de Khorsabad. C'était un progrès très-remarquable.

Deux ans auparavant, M. de Saulcy, continuant ses travaux, était arrivé à se convaincre que plusieurs textes de Khorsabad reproduisaient la même inscription. Il avait reconstruit ainsi la longue légende qui raconte, en cent cinquante lignes, les principaux événements du règne du fondateur du palais de Khorsabad ; il y avait appliqué les valeurs que ses études sur les inscriptions trilingues lui avaient fait découvrir, et il put ainsi lire et traduire quatre-vingt-seize lignes de cette curieuse inscription.

Cette nouvelle tentative, qui fut suivie de près d'une traduction peu différente du même passage, par Sir H. Rawlinson, prouva qu'on pouvait dès lors étendre les recherches au delà des inscriptions trilingues; elle prouva surtout qu'on pouvait s'orienter, pour comprendre le sens général des inscriptions ninivites, au moyen de quelques groupes idéographiques qui forment des points de repère que l'on peut suivre à travers ces textes.

Enfin Sir H. Rawlinson se décida à publier le texte assyrien de Béhistoun dans le *Journal de la Société asiatique de Londres* (vol. XIV, part. 1, 1851), avec une transcription et une traduction interlinéaire. Il y joignit un alphabet de 246 caractères et des observations à l'appui, comprenant une analyse de la première colonne et la justification des deux ou trois premières lettres de l'alphabet.

Ce travail, important par lui-même, eut surtout le défaut de s'être fait trop longtemps attendre, et sur certains points il est en arrière des progrès dus aux travaux des savants d'Europe, dont Sir H. Rawlinson avait tenu trop peu de compte et qu'il voulut paraître ignorer. C'est ainsi que l'auteur, à propos des signes formant le nom de la Cappadoce, entrevoit un fait de syllabisme; et à ce sujet il se félicite d'avoir été le premier à annoncer ce phénomène, et d'avoir constaté que les signes assyriens expriment tantôt des lettres isolées et tantôt des syllabes. Qu'il nous suffise de dire que ce fait et plusieurs autres que le savant anglais croit avoir découverts en Perse avaient été trouvés avant lui en France, en Allemagne et dans son propre pays.

Le même travail, enfin, donna naissance au système des polyphones, qui fut bien la découverte de Sir Rawlinson, mais que son rival ne crut pouvoir accepter tel qu'il était présenté d'abord, parce qu'il lui parut incompatible avec toutes les règles de l'analyse appliquées jusque-là. Dégoûté, d'ailleurs, par divers motifs, il se contenta d'écrire une lettre significative adressée à M. Prisse d'Avesnes, en juin 1852, et bientôt il crut devoir faire ses adieux aux études assyriologiques, en rédigeant à son tour une analyse et un commentaire du grand texte assyrien de Béhistoun, avec un vocabulaire à l'appui. Cette dernière étude fut publiée dans le *Journal asiatique* de 1854, et l'on peut voir la manière dont elle a été appréciée dans l'*Exposé* de M. Ménant dont nous avons déjà parlé. Depuis lors, M. de Saulcy n'a plus fait que s'intéresser de loin à une science à laquelle il avait consacré tant de longues heures de recueillement et de labeur.

Nous sommes arrivés au moment où, sur plusieurs points à la fois, en France, en Angleterre, en Allemagne, on attaqua courageusement les difficiles problèmes que présentait encore la lecture des inscriptions trilingues de Ninive et de Babylone. Il suffit de citer les noms de MM. Oppert, Rawlinson, Hincks, Fox-Talbot, pour donner une idée de l'énergie de volonté qui fut nécessaire pour atteindre enfin le but. Mais pendant que ces infatigables chercheurs rivalisaient de patience et de zèle, le public lettré, qui s'intéressait à leurs travaux, finit par être effrayé de cet appareil vraiment formidable de conditions, qui embrassait à la fois l'idéographisme, le syllabisme simple ou même complexe, et enfin la polyphonie. En présence d'un système graphique qui paraissait de plus en plus inextricable, on en venait à penser autour d'eux que les savants qui prétendaient avoir le privilége de lire la langue des Assyriens s'étaient créé chacun un idiome à leur usage, et que, mis en présence, ils ne manqueraient pas de renouveler en petit le miracle de Babel.

Pour dissiper ces nuages et ces doutes, la Société royale asiatique de Londres, au mois de mars 1857, provoqua une expérience dont le résultat espéré devait nécessairement frapper les esprits : elle proposa à plusieurs savants le texte d'une longue inscription assyrienne encore inédite, contenant plus de huit cents lignes, et elle leur demanda d'en entreprendre isolément, séparément, la traduction, et d'envoyer le produit de leurs travaux, sous pli cacheté, au centre de la Société anglaise. Les paquets y devaient être ouverts le même jour devant une Commission qui, sans se prononcer sur le mérite intrinsèque de chacune des traductions, constaterait les points de ressemblance ou de dissemblance qu'elles pourraient offrir. MM. Rawlinson, Hincks, Fox-Talbot et Oppert acceptèrent le concours, et, malgré le peu de temps qui leur fut accordé, envoyèrent leurs travaux pour l'époque convenue. Le 21 mai, les paquets furent ouverts; les points de ressemblance furent notés avec soin, ainsi que les points de dissemblance. On constata les lacunes, et la Commission put se convaincre que l'épreuve avait été pleinement satisfaisante. Enfin, pour que tout le monde fût à même de savoir à quoi s'en tenir sur le résultat de l'épreuve, la Société asiatique fit imprimer sur quatre colonnes les quatre traductions obtenues. On put ainsi saisir du même coup d'œil les points sur lesquels les traducteurs se sont trouvés d'accord, et ceux où ils ont pu s'écarter plus ou moins les uns des autres.

Beaucoup de passages ont été rendus absolument de la même manière par les quatre traducteurs; il y en a d'autres qui ne diffèrent que par un mot, une nuance, une expression plus ou moins heureuse.

Le résultat de cette épreuve mémorable fut regardé comme décisif par tous les hommes compétents et impartiaux. Depuis cette époque, les progrès ont toujours été croissant, et malgré le scepticisme obstiné de quelques savants qui trouvent plus commode de nier que d'examiner à fond, la lecture des inscriptions assyriennes est désormais un fait hors de doute et acquis à la science.

Il n'entre pas dans le cadre de cet exposé historique de faire connaître en détail le mécanisme de la langue assyrienne, non plus que les différentes phases par lesquelles a passé la connaissance de cette langue supposée à jamais perdue, et qui est aujourd'hui retrouvée avec sa grammaire. Ensevelie depuis tant de siècles sous les inscriptions innombrables qui la recélaient, elle a repris son rang éminent parmi les langues sémitiques, comme en rend témoignage, dans le rapport qui doit suivre celui-ci, un des hommes les plus capables d'en juger.

A M. Jules Oppert appartient l'honneur d'avoir, dans son grand ouvrage sur l'*Expédition scientifique de Mésopotamie*, dissipé les ténèbres épaisses qui pesaient naguère encore sur l'antique idiome de Ninive. Aussi l'Académie des inscriptions et belles-lettres, en 1863, a-t-elle jugé M. Oppert digne du prix biennal que la munificence de l'Empereur a fondé près de l'Institut de France, pour honorer l'œuvre la plus belle ou la découverte la plus importante produite pendant une période de dix années, dans le domaine spécial de chacune des cinq Académies. L'Institut en corps a ratifié de ses suffrages ce choix si honorable pour le savant qui en a été l'objet et pour notre pays qui l'a depuis longtemps adopté.

La France avait eu la gloire de donner le jour à l'homme illustre qui seul et par ses propres forces découvrit le secret des écritures égyptiennes. Elle a eu une grande part dans le concours d'efforts nécessaire pour résoudre le problème beaucoup plus compliqué des écritures cunéiformes, organes divers, sinon dans leur commun principe, au moins dans les développements et les applications de ce principe, de langues profondément différentes. Les inscriptions cunéiformes, peut-être arméniaques, de Van, celles de Suse, attendent encore leur Champollion. Espérons qu'il ne se fera pas trop attendre.

FIN.

RAPPORT SUR LES PROGRÈS

DES ÉTUDES SÉMITIQUES

EN FRANCE.

RAPPORT SUR LES PROGRÈS

DES ÉTUDES SÉMITIQUES

EN FRANCE.

(1840 1866.)

Les langues sémitiques, à l'exception de l'arabe, n'ont donné lieu en France, dans le dernier quart de ce siècle, qu'à un nombre restreint de publications plus ou moins développées, et nous aurons à mentionner çà et là même des ouvrages de peu d'étendue, parce qu'ils sont quelquefois les seuls à dénoter le progrès et le mouvement de ces études. Nous parcourrons successivement les publications les plus importantes relatives à l'hébreu, au phénicien, à l'araméen, à l'himyarite, à l'éthiopien et à l'assyrien. Une notice développée sur la littérature arabe prendra place après celle-ci.

Ni l'illustre Silvestre de Sacy, qui a donné une impulsion si féconde à l'étude de l'arabe et des autres langues musulmanes dans toute l'Europe, ni Étienne Quatremère, le savant professeur des langues hébraïque, chaldaïque et syriaque au Collége de France, n'avaient mis à profit leur profonde connaissance de toutes les langues et littératures sémitiques pour s'associer aux vastes travaux de nos voisins d'outre-Rhin, qui, à la fin du dernier siècle et au commencement de celui-ci, firent faire de si grands progrès aux études sacrées, à la critique et à l'histoire bibliques.

C'est en France pourtant qu'il faut chercher le berceau de ces études; les ouvrages grandioses de Bochart sur plusieurs parties importantes des antiquités bibliques sont encore aujourd'hui considérés comme classiques en Allemagne; les travaux de critique biblique qu'on doit à Louis Cappel, et surtout à Richard Simon, ont servi de base aux travaux des Michaëlis, des Eichhorn et de tant d'autres; les hypothèses du médecin Astruc sont maintenant considérées, dans ce qu'elles ont d'essentiel, comme des vérités incontestables, et si elles ont été discréditées auprès de quelques savants, il faut en attribuer la faute aux conclusions exagérées qu'on en a tirées au delà du Rhin. Mais les tentatives de Richard Simon, qui auraient pu être si fécondes en France, échouèrent devant l'intolérance dogmatique. Richard Simon fut condamné par l'archevêque de Paris, et l'illustre Bossuet, évêque de Meaux, n'hésita pas à s'associer à cette condamnation qui a retardé de près d'un siècle le développement de l'exégèse biblique, continuée plus tard en Allemagne.

Au xviiie siècle, les sarcasmes de Voltaire et des encyclopédistes ne contribuèrent pas peu à inspirer aux dogmatiques de l'éloignement pour la critique biblique, et lorsque, après les orages de la révolution, la religion reprit son empire sur les âmes, on retrouva l'exégèse biblique au point où elle en était restée du temps de Louis XIV. Les plus illustres orientalistes en France auraient craint de manquer au respect dû à l'Écriture sainte, en abandonnant la Vulgate, en invoquant l'autorité du texte primitif, en discutant l'authenticité de ce texte, l'âge et la valeur critique des anciennes versions. Telle fut la cause de l'abandon des études hébraïques en France, et notamment des études critiques de la Bible, pendant le premier tiers de ce siècle; et on ne peut guère mentionner pour cette époque que les mémoires de Silvestre de Sacy sur les Samaritains et sur quelques manuscrits de la Bible, et la *traduction de Jérémie*, avec une introduction, par Dahler[1], professeur d'hébreu

---

[1] 2 vol. in-8°, Strasbourg, 1825 et 1830.

au séminaire protestant de Strasbourg. L'Alsace, qui est en quelque sorte le trait d'union entre l'Allemagne et la France, a subi la première l'influence de la critique allemande. La *Revue de théologie*, publiée à Strasbourg, a surtout réparé, depuis 1850, un grand arriéré dans ces études. Presque toutes les grandes controverses de l'Allemagne y sont savamment exposées et appréciées.

Dans les vingt-cinq années qui viennent de s'écouler, d'ailleurs, la France a, sous ce rapport, sinon repris le rang que lui promettaient les travaux du xviie siècle, du moins essayé de reconquérir quelques-uns des fruits de ces travaux.

HÉBREU ET RABBINIQUE.

L'ouvrage qui, le premier, appelle ici notre attention, c'est la traduction de la Bible avec le texte hébreu mis en regard et les notes critiques et historiques, en 18 vol. in-8°, par S. Cahen. Cet ouvrage, commencé en 1830, a été achevé en 1851 par le volume de Job. Ce grand travail est loin de réaliser l'idéal d'une traduction française de la Bible: le savant auteur n'a pas voulu faire un ouvrage de littérature française, mais il a eu pour but d'aider les amateurs de la littérature hébraïque, dont il a été l'un des plus zélés promoteurs, à se rendre un compte aussi exact que possible du texte original; et ce but, il l'a parfaitement atteint, soit par la traduction elle-même, soit par les notes explicatives qu'il y a jointes. Cette méthode de traduction littérale est en faveur en Allemagne, mais elle est trop opposée au génie de la langue française pour être admissible chez nous. La traduction est en quelque sorte un calque du texte hébreu, et les notes dont elle est accompagnée, au lieu de donner une véritable idée du rationalisme allemand, ont l'inconvénient, surtout dans les premiers volumes, de blesser, par le ton qu'elles affectent, ceux qui lisent la Bible avec les sentiments respectueux qu'elle inspire aux hommes libres de préjugés. Cependant, à mesure que l'auteur avance, nous voyons ses études se fortifier; son texte lui inspire de plus en plus le respect, et les saillies voltairiennes deviennent plus rares, pour faire place à des notes savantes et consciencieuses. Tel qu'il est, ce volumineux ouvrage est un des plus importants pour la littérature hébraïque, jusque-là si délaissée en France, et il a pu servir à nous familiariser avec l'exégèse rationaliste des Allemands.

M. Munk, dans quelques dissertations qu'il y a jointes, s'est fait le défenseur de cette exégèse qu'il a plus tard appliquée à l'histoire des Hébreux, dans son ouvrage intitulé : *Palestine, Description géographique, historique et archéologique* (Paris, 1845), ouvrage où il a montré combien une saine exégèse peut contribuer à rectifier et à accroître nos connaissances historiques. L'influence que les institutions politiques et religieuses des Hébreux ont exercée sur les peuples de l'Europe donne à l'histoire biblique une importance que l'on chercherait vainement à lui contester. A chaque pas que nous faisons, dans cette histoire, il se présente des questions qui n'intéressent pas seulement le théologien, mais aussi le philosophe et l'homme politique, questions palpitantes, d'un intérêt plus qu'historique; car, jusqu'à un certain point, les institutions des Hébreux sont encore vivantes parmi nous. M. Munk a touché toutes ces questions avec un vaste savoir et une véritable indépendance. La *Palestine* fera époque dans l'histoire des études exégétiques en France. Une foule de données jusque-là inconnues furent exposées dans ce livre sous une forme qui n'a pas peu contribué à les faire accepter des hommes instruits [1].

Après avoir parlé du grand ouvrage de M. Cahen, nous ne pouvons manquer de mentionner un travail analogue, qui n'est encore qu'à son quatrième volume et se recommande déjà par d'excellentes qualités qui lui présagent un grand succès. Nous voulons parler du *Pentateuque* de M. Wogue, professeur au séminaire israélite de Paris. Cet ouvrage renferme une édition très-belle et très-correcte du texte hébreu, une nouvelle traduction française et de nombreuses

---

[1] Il a paru juste d'ajouter ici et plus loin, après la mort de l'auteur, les éloges mérités que sa modestie bien connue ne lui permettait point de se donner de son vivant. (*Note de l'Éditeur.*)

notes. La traduction est claire et correcte, et elle ne manque pas d'une certaine élégance qui peut satisfaire le goût le plus sévère, autant que cela est possible dans une œuvre aussi éloignée de nos habitudes esthétiques. Parfois même l'auteur se montre disposé à trop sacrifier au goût moderne, et, voulant être élégant, il risque de faire violence aux idées et au langage antiques, dont il se fait l'interprète. Dans les notes, qui sont principalement grammaticales et explicatives, l'auteur a évité les questions qui touchent à la critique, dont il paraît ne pas reconnaître les droits sur le texte sacré.

Quelques tentatives partielles de traduction de la Bible ont été faites avec succès. M. Ernest Renan a traduit en français les livres de *Job* et du *Cantique des cantiques* dans un style pur, qui, tout en ne faisant aucune concession aux idiotismes hébraïques, n'a rien perdu de la simplicité antique et grandiose qui caractérise le texte primitif. M. Renan a fait tout ce que pouvait faire un esprit poétique, profondément pénétré des beautés de son texte, et un profond connaisseur de cette antiquité si éloignée de nos habitudes classiques. Nous parlons de la traduction, mais nous laissons à M. Renan la responsabilité de sa critique et de son interprétation du Cantique des cantiques, responsabilité qu'il partage, du reste, avec tous les critiques rationalistes de l'Allemagne, de la Hollande et de l'Angleterre. M. l'abbé Bertrand, chanoine à Versailles, a traduit les *Psaumes*, qu'il a fait précéder d'une savante introduction traitant de la poésie hébraïque, du parallélisme[1], etc. M. Créhange, à son tour, en donnant une traduction élégante des *Psaumes* (1858), a surtout pris pour modèle la traduction libre de son célèbre coreligionnaire Moïse Mendelssohn. M. Carrière, gradué de la Faculté de théologie protestante de Strasbourg, a donné une traduction du prophète Habakuk, précédée d'une étude historique et critique sur l'époque de ce prophète. Enfin, une réunion de pasteurs et

---

[1] *Les Psaumes disposés suivant le parallélisme, traduits de l'hébreu;* Versailles et Paris, 1857, in-8°.

de ministres des deux Églises protestantes nationales s'est formée pour donner une traduction complète de la Bible. La Genèse, Ruth, Esdras, Néhémie, Esther, Isaïe, l'Ecclésiaste ont paru, et les auteurs se sont servis avec beaucoup de discernement des travaux de l'Allemagne.

Les livres bibliques ont aussi trouvé des historiens plus ou moins critiques qui ont cherché à fixer l'époque respective de leur composition, qui en ont discuté l'authenticité et en ont énuméré les traductions à la manière des auteurs allemands. Un ouvrage de ce genre mérite ici une mention particulière : c'est l'*Introduction historique et critique aux livres de l'Ancien et du Nouveau Testament*, par M. l'abbé Glaire[1]. Cet ouvrage décidément opposé au rationalisme offre beaucoup de points de ressemblance avec l'*Introduction* de Iahn, professeur à la Faculté de théologie de Vienne, plusieurs fois publiée dans le premier quart de ce siècle. On doit à M. le pasteur Jean-Auguste Bost un travail général, sous forme de dictionnaire, sur tous les sujets bibliques. Le titre de ce travail est : *Dictionnaire de la Bible ou Concordance raisonnée des saintes Écritures*, contenant la biographie sacrée, l'histoire sainte, l'archéologie biblique, la géographie biblique, l'histoire naturelle[2], etc. C'est un grand travail de près de mille pages, où toutes les questions sont suffisamment développées et traitées avec une vaste connaissance historique, mise au service des opinions traditionnelles.

Tous ces travaux et quelques autres de moindre importance ne sont encore que peu de chose à côté de ce que l'Allemagne possède en ce genre; mais on peut espérer qu'ils serviront à propager parmi nous les études hébraïques et les habitudes d'une sage critique, appliquée à la littérature sacrée. On a déjà senti le besoin de posséder un dictionnaire hébreu-français, et l'ouvrage lexicographique publié en 1859 (1 vol. gr. in-8°) par MM. Sander et Trénel, bien qu'il ne réponde pas plus que le dictionnaire hébreu-latin de

---

[1] 2ᵉ et 3ᵉ éditions, 1843 et 1852. — [2] 2ᵉ édition, Paris, 1865.

M. l'abbé Glaire à toutes les exigences de la science, et qu'il ait négligé à dessein l'étude comparative des langues sémitiques, se recommande pourtant par l'abondance des exemples et par l'introduction d'un certain nombre de mots non bibliques, mais qui étaient usités chez les Juifs dès avant l'époque des Machabées.

Trois grammaires hébraïques en langue française appellent également notre attention; elles sortent de la routine des anciennes grammaires hébraïques, et on y reconnaît l'influence des travaux philologiques des Allemands. L'une a pour auteur le savant ecclésiastique que nous avons déjà nommé, M. l'abbé Glaire[1]; l'autre, M. Klein, grand rabbin à Colmar (1846); une troisième, qui peut passer pour la meilleure, est de M. Preiswerk et a eu récemment une nouvelle édition.

En fait de travaux archéologiques se rattachant aux études hébraïques, il convient de faire ressortir ici ce que la numismatique des Juifs doit à M. de Saulcy. Ses savantes *Recherches sur la numismatique judaïque* (Paris, 1854) nous ont fait connaître une série de monnaies jusque-là complétement inconnues, et ont rectifié nos idées sur celles qui avaient été décrites antérieurement. Les erreurs de classification commises dans cet ouvrage ont été reconnues par l'auteur lui-même, dans ses *Lettres à M. le baron de Witte*[2], qui renferment de nouvelles observations sur le même sujet et la description de quelques pièces nouvelles.

Ce même savant a considérablement enrichi nos connaissances des antiquités hébraïques par son *Histoire de l'art judaïque*, tirée des textes sacrés et profanes (Paris, 1864, 2ᵉ édition), et par ses belles recherches sur la topographie de Jérusalem et sur le temple de Salomon dont il a consigné les résultats dans plusieurs mémoires. Sur ce dernier point, le magnifique ouvrage publié par M. le comte de Vogüé, sous ce titre : *Le Temple de Jérusalem, Monographie du Haram ech-Chérif* (Paris, 1864, grand in-folio), laisse derrière lui

---

[1] 3ᵉ édition, 1843. — [2] *Revue numismatique*, 1864 et 1865.

tous ses devanciers. Le savant, l'archéologue et l'artiste y trouveront, chacun dans leur sphère, les plus utiles renseignements, et tous une lecture attachante et instructive.

Nous ne parlons pas ici des Mémoires publiés par ces deux savants dans la *Revue archéologique* (1864, 1865) sur la paléographie judaïque, ou sur l'antiquité relative de l'alphabet samaritain et de l'hébreu carré. Les deux savants diffèrent d'opinion; mais leur discussion aura fourni des données utiles pour la solution du problème.

L'exégèse juive, c'est-à-dire propre aux Juifs, qui se rattache si étroitement aux études bibliques, a été, dans ces dernières années, l'objet d'importants travaux. Au moyen âge surtout, les Juifs comptaient dans leur sein un bon nombre d'exégètes d'un esprit large et philosophique et qu'on peut considérer comme les précurseurs des Richard Simon et des plus hardis promoteurs de la critique moderne. Il y a eu parmi eux non-seulement de savants grammairiens et des commentateurs qui ont essayé de s'affranchir des préjugés d'un dogmatisme étroit; mais il existait aussi des philosophes qui, au moyen du système allégorique, ont cherché à mettre d'accord la religion avec la philosophie de leur temps, et notamment avec le péripatétisme. Le mérite d'avoir fait connaître quelques-uns de ces grammairiens et philosophes, qu'on peut appeler libres penseurs, appartient à M. Munk. Sa traduction du *Commentaire de R. Tan'houm* (du XIIIe siècle) sur le prophète Habakuk, publiée pour la première fois avec le texte arabe, ainsi que plusieurs *Mémoires* relatifs au culte des anciens Hébreux et aux anciennes versions arabes et persanes des Juifs, ont paru dans divers volumes de la Bible de M. Cahen. En outre, M. Munk a publié dans le *Journal asiatique* (1850) un *Mémoire sur R. Iona ou Abou'l-walid ibn-Djana'h* et sur quelques autres grammairiens du Xe et du XIe siècle; et M. Ad. Neubauer a donné dans ce même journal (années 1861 et 1862) un travail analogue, sur la *Lexicographie hébraïque*, avec des remarques sur quelques grammairiens postérieurs à Ibn-Djana'h, où il a communiqué pour la première fois de nombreux passages d'un dictionnaire inédit du xe siècle. M. l'abbé Bargès a édité en commun avec M. Goldberg, d'après un manuscrit unique de la Bibliothèque Bodléienne, l'ouvrage curieux de Iehouda ben-Koreisch (du ixe siècle) sur les mots hébreux dérivés de l'araméen et de quelques autres langues[1]. C'est le plus ancien ouvrage de philologie comparée que nous connaissions. Par ces travaux, on peut juger de l'esprit indépendant et scientifique des exégètes juifs de ces temps.

Mais l'ouvrage le plus grandiose de cette littérature est sans contredit le *Guide des Égarés* de Maïmonide, qui ouvrit une voie nouvelle à l'exégèse, et duquel Spinoza et tant d'autres esprits philosophiques ont reçu une impulsion qui les a poussés hors des limites que le maître avait voulu tracer. Albert le Grand et saint Thomas se sont souvent inspirés de cet ouvrage, et l'ont tantôt cité comme autorité, tantôt réfuté comme conduisant à des opinions hétérodoxes. Le *Guide des Égarés*, écrit en arabe, n'était connu que par une version hébraïque, traduite à son tour en latin. M. Munk en a publié pour la première fois le texte arabe et l'a accompagné d'une traduction française et de notes critiques, historiques et explicatives de la plus haute valeur (3 vol. grand in-8°, Paris, 1856-1866). Les notes de M. Munk, souvent très-développées, sont une espèce de répertoire où l'on trouve notamment de nombreux détails sur la philosophie des Arabes, qui était aussi celle des Juifs du moyen âge, c'est-à-dire un aristotélisme modifié par des idées néo-platoniciennes.

Outre ce grand travail, nous avons de M. Munk un volume de *Mélanges de philosophie juive et arabe* (Paris, 1859, in-8°), dont la plus forte partie est consacrée à la philosophie d'Avicebron, si souvent cité par Albert le Grand, par saint Thomas et d'autres scolastiques, et dont l'ouvrage, *Fons vitæ*, est dit avoir donné lieu à diverses hérésies dans le sein de l'Église, au xiiie siècle, quoique

---

[1] *Epistola de studii Targum utilitate et de linguæ chaldaicæ convenientia cum hebræa* (Paris, 1857).

Duns Scott ait évidemment adopté, en grande partie, les opinions professées dans le *Fons vitæ*. L'auteur de cet ouvrage si important pour la philosophie du moyen âge était enveloppé de mystères; on ignorait l'époque à laquelle il avait vécu, le pays où il était né, et on ne connaissait même pas son véritable nom. M. Munk nous renseigne sur tout cela, et son volume renferme les principales parties du *Fons vitæ*, d'après une version hébraïque faite sur l'original arabe, un exposé de la doctrine de cet ouvrage, qui est une espèce de néo-platonisme, ainsi que des détails historiques sur les sources de cette doctrine et sur l'influence qu'elle a exercée. Tout, dans ce travail, appartient à M. Munk, qui avait lui-même découvert la version hébraïque du *Fons vitæ* et retrouvé la version latine qu'on croyait perdue. Nous ne serions pas justes si, à côté de ces recherches, nous omettions de citer la *Kabbale* de M. Franck, quoique cet ouvrage remonte un peu au delà de l'époque dans laquelle nous devons nous renfermer. L'ouvrage de M. Franck montre un autre côté de l'exégèse philosophique des Juifs, le côté mystique qui, sur plusieurs points, se rencontre avec la philosophie du *Fons vitæ*. La littérature rabbinique du moyen âge renferme aussi des compositions poétiques d'un mérite incontestable. Plusieurs beaux morceaux de cette nouvelle poésie hébraïque ont été publiés par M. le rabbin Astruc et accompagnés d'une élégante traduction française, sous le titre de *Poésies rituéliques des Juifs portugais* (in-12, 1865).

Enfin, l'Administration de la Bibliothèque impériale a contribué, dans ces derniers temps, à promouvoir les études hébraïques en France, en publiant le *Catalogue des manuscrits hébreux et samaritains* de cette bibliothèque, qui forme le premier volume du catalogue général des manuscrits orientaux. Deux savants hébraïsants, M. Munk et M. Derenbourg, avaient, depuis plusieurs années, rédigé des bulletins plus ou moins développés sur tous les manuscrits que renferme cette riche collection. Ce sont surtout ces bulletins qui ont servi à rédiger et à publier ce catalogue, selon le plan et dans les proportions adoptés par M. l'Administrateur général.

PHÉNICIEN.

A côté de la langue hébraïque nous devons placer la langue phénicienne. Malgré l'extrême pénurie des monuments épigraphiques qui nous restent des Phéniciens, c'est un fait reconnu depuis longtemps qu'ils parlaient un dialecte presque entièrement conforme à l'hébreu ; mais cette pénurie est la cause du peu de progrès qu'on a fait dans l'étude de la langue phénicienne. Depuis Barthélemy jusqu'à Étienne Quatremère, les progrès réels et positifs se bornent à peu près à un pronom relatif, découvert par ce dernier.

La découverte du verbe *être*, dans le *Pœnulus* de Plaute, qu'on doit à M. Munk (*Palestine*, p. 87), d'abord contestée et maintenant généralement reconnue, peut donner la mesure de l'état d'imperfection où était à cette date l'interprétation des monuments. Le grand ouvrage de Gesenius fut le signal d'un véritable progrès ; mais il était réservé à notre époque de faire sortir des entrailles de la terre quelques monuments nouveaux, relativement d'une certaine étendue, et qui ont permis d'avancer d'un pas plus sûr dans l'étude de la langue phénicienne. L'inscription fruste trouvée à Marseille en 1845, et celle du sarcophage d'Eschmounezer, roi de Sidon, trouvée en 1855, sont aujourd'hui les textes épigraphiques les plus importants qu'on connaisse des Phéniciens, et la France peut revendiquer la gloire de les avoir révélés ; car la découverte du sarcophage de Sidon est due en partie à l'initiative de M. Peretié, chancelier du consulat de France à Beyrouth, et ce remarquable monument, acquis par M. le duc de Luynes, se trouve maintenant au Louvre. Des savants français ont pris une part active à l'interprétation des deux inscriptions dont nous venons de parler, et desquelles date une nouvelle ère pour les études de la langue et de la paléographie phéniciennes. M. de Saulcy[1] et M. Judas, dans son *Étude démonstrative*, ont expliqué l'inscription de Marseille ; M. le duc

---

[1] *Mémoires de l'Académie des inscriptions et belles-lettres*, t. XVII, 1re partie.

de Luynes, celle de Sidon[1]; MM. l'abbé Bargès[2] et Munk[3], l'une et l'autre. Leurs interprétations peuvent figurer avec avantage à côté de celles de plusieurs savants d'Allemagne, et elles jettent une vive lumière sur diverses particularités du dialecte phénicien qu'on avait ignorées jusque-là. La découverte du sens de la 3ᵉ ligne de l'inscription d'Eschmounezer, qui avait échappé à tous les interprètes antérieurs, est due à M. Munk. La France, il est vrai, n'a pas eu de savant qui, comme l'allemand Movers, ait entrepris avec hardiesse de retracer, d'après des fragments recueillis de toutes parts, l'histoire, la religion et les antiquités des Phéniciens; mais elle a apporté, dans ce dernier quart de siècle, son contingent aux études paléographiques et linguistiques relatives à ce peuple célèbre. Outre les commentaires sur les deux inscriptions déjà mentionnées, quelques écrits plus étendus méritent ici une mention particulière. Tels sont :

1° *Essai sur la Numismatique des Satrapies et de la Phénicie sous les rois Achéménides*, par H. de Luynes (Paris, 1846, grand in-4°). Le savant auteur a classé et interprété dans cet ouvrage un grand nombre de médailles portant des légendes phéniciennes, et provenant tant des villes de la Phénicie que des satrapies perses en Syrie et sur tout le littoral oriental de la Phénicie;

2° *Étude démonstrative de la langue phénicienne et de la langue libyque*, par M. Judas (Paris, 1847, in-4°). Cet ouvrage renferme des interprétations nouvelles de plusieurs monuments déjà expliqués, et cherche à mieux fixer diverses règles de la grammaire phénicienne; mais souvent il ne fait que remplacer des hypothèses peu plausibles par d'autres hypothèses qui ne sont pas plus satisfai-

---

[1] *Mémoire sur le sarcophage et l'inscription funéraire d'Esmunazar, roi de Sidon* (Paris, 1856, grand in-4°).

[2] Voyez Bargès, *Temple de Baal* (Paris, 1847, in-8°). — *Nouvelle interprétation* de la même inscription (Paris, 1856, in-4°).

— *Mémoire sur le sarcophage et l'inscription funéraire d'Esmunazar, roi de Sidon* (Paris, 1856, in-4°).

[3] *Journal asiatique*, nov.-déc. 1847, p. 473 et suiv. ibid. avril 1856, p. 274 et suiv.

santes. Parmi les monuments qui sont ici expliqués pour la première fois, on remarque surtout la grande inscription de Marseille, qui se trouvait à l'entrée d'un temple que les Carthaginois avaient dans cette ville, et qui contient le tarif des redevances qu'on avait à payer aux prêtres pour les diverses sortes de sacrifices, ainsi que des règlements relatifs à ces sacrifices. Le même auteur a rectifié plus tard son interprétation de cette importante inscription[1];

3° La *Toison d'or de la langue phénicienne*, par M. l'abbé Bourgade (Paris, 1856, petit in-fol.), traitant surtout d'un grand nombre d'inscriptions trouvées en Algérie et dans la Régence de Tunis, dans l'interprétation desquelles la divination et la conjecture ont une grande part, mais renfermant plusieurs conjectures heureuses et qui approchent de la certitude.

Le *Journal asiatique*, la *Revue archéologique* et d'autres recueils renferment, sur plusieurs monuments phéniciens de moindre importance, un grand nombre d'articles de MM. de Saulcy, de Vogüé[2], Renan, etc. auxquels on peut joindre un Mémoire de M. l'abbé Bargès sur *Trente-neuf Inscriptions puniques* (Paris, 1852), et qui témoignent de l'intérêt toujours croissant dont les études phéniciennes ont été l'objet en France. Quelques bonnes observations sous le rapport de la paléographie se trouvent dans la lettre de M. de Saulcy à M. Quatremère sur l'*Inscription bilingue de Thougga*[3], si maltraitée par Gesenius et ses devanciers. Mais la question n'y est pas complétement épuisée.

Nous devons enfin mentionner, à cause des nombreuses observations philologiques qu'il renferme, un Mémoire remarquable de

---

[1] *Nouvelle analyse de l'inscription de Marseille*, par A. C. Judas (Paris, 1857, in-fol.).

[2] Nous mentionnons particulièrement son *Mémoire sur une nouvelle inscription phénicienne* (de Sidon), dans les Mémoires présentés par divers savants à l'Académie des inscriptions et belles-lettres, t. VI, 1re partie, p. 55 et suiv.

[3] *Journal asiatique*, février 1843, p. 83 et suiv.

M. Renan *sur l'origine et le caractère véritable de l'histoire phénicienne qui porte le nom de Sanchoniathon.* Un exposé des résultats de ce mémoire ne serait pas ici à sa place; l'auteur y a fait preuve d'une vaste érudition et d'une sagacité pénétrante. Il a exposé les analogies qui existent entre les divers fragments, cousus ensemble et défigurés, dans la cosmogonie de Sanchoniathon, et qui, selon lui, ne laissent aucun doute sur leur provenance vraiment phénicienne.

Sa *Mission de Phénicie*, dont huit livraisons ont paru, nous intéresse ici, parce qu'elle renfermera sans doute l'interprétation des inscriptions phéniciennes d'Oumm el-Awamid déjà publiées par l'auteur dans le *Journal asiatique*[1], ainsi que les inscriptions trouvées par M. de Vogüé dans l'île de Chypre, et qui sont curieuses sous le rapport philologique.

ARAMÉEN ET SYRIAQUE.

Nous avons peu de chose à dire sur les dialectes araméens, qui n'ont été, pendant l'époque qui nous occupe, l'objet d'aucune grande publication. Cependant nous ne devons pas passer sous silence quelques écrits de M. Renan relatifs à la littérature syriaque et qui ne manquent pas d'une certaine importance. Les lettres adressées par ce savant à M. Reinaud[2] sur les Manuscrits syriaques de Rome et de Londres renferment des détails curieux et instructifs sur la littérature syriaque, et nous donnent une idée des renseignements utiles qu'on peut puiser dans cette littérature sur l'histoire de l'Église aux premiers siècles de notre ère et sur celle de l'aristotélisme. En 1855, M. Renan publia dans le Recueil de dom Pitra, intitulé *Spicilegium Solesmense*[3], la traduction latine d'un ouvrage de Méliton, évêque de Sardes, adressé à Marc-Aurèle, après la mort de Lucius Verus, vers l'an 175, ouvrage perdu en grec et conservé dans un des anciens manuscrits sy-

---

[1] Sept.-oct. 1862, pages 355 et suivantes.
[2] *Journal asiat.* 1850, février-mars, p. 290; avril, p. 387; 1852, avril, p. 293 et suiv.
[3] Tome II, p. 29 et suiv.

riaques que le *British Museum* avait eu la bonne fortune d'acquérir des moines du monastère de Sainte-Marie *Deipara* de Nitrie, dans la basse Égypte. On doit au même orientaliste la publication et la traduction d'un apocryphe des premiers siècles de notre ère, la *Pénitence d'Adam*, également perdu en grec et conservé en syriaque.

L'écrit le plus important que M. Renan ait publié sur la littérature philosophique des Syriens, c'est sa thèse latine : *De philosophia peripatetica apud Syros* (Paris, 1852). C'est aux Syriens avant tout que les Arabes sont redevables de leurs connaissances philosophiques; la plupart des versions arabes des œuvres d'Aristote découlaient des versions syriaques. La thèse de M. Renan fait l'histoire de ces dernières. Dès le IVe siècle, les nestoriens de la Syrie acceptèrent Aristote comme maître de la dialectique, et, vers le milieu du Ve, ils traduisirent en syriaque quelques parties de l'*Organon*. Ce furent surtout des auteurs de cette secte qui firent connaître aux Arabes la philosophie péripatéticienne. La thèse de M. Renan contient plusieurs faits nouveaux, ignorés même par Wenrich, qui a si savamment parlé des versions orientales des livres grecs; ces faits lui furent fournis surtout par les manuscrits du Musée Britannique, qui possède maintenant la collection syriaque la plus importante.

Nous avons vivement regretté de ne pouvoir revendiquer ici en faveur de la France un ouvrage posthume de l'illustre Quatremère, qui était de nature à faire revivre en France les études syriaques, si utiles surtout pour l'histoire ecclésiastique. Je veux parler du Dictionnaire syriaque-latin, ouvrage très-volumineux qui s'est trouvé dans la succession de M. Quatremère, et pour lequel ce savant avait consulté tous les livres syriaques imprimés et de nombreux manuscrits[1]. Nous avons du moins la satisfaction d'annoncer que cet ouvrage sera enfin publié par un savant orientaliste anglais, M. Payne-Smith, qui a obtenu de la bibliothèque de Munich la

---

[1] Voir l'annonce détaillée de ce dictionnaire au *Journal asiat.* décembre 1837, p. 589.

communication des matériaux recueillis par M. Quatremère. Cette publication fera voir que la France n'est pas restée en arrière pour les études syriaques, et ce qu'elle eût pu faire si le clergé français avait montré plus d'intérêt pour des études si intimement liées à celles de l'Écriture sainte et de l'histoire de l'Église.

Sous le rapport de l'épigraphie araméenne, dont on possède un beau spécimen dans le monument dit de Carpentras, nous mentionnerons : 1° l'*Inscription du Serapéum de Memphis*, expliquée par MM. le duc de Luynes[1], l'abbé Bargès[2], et Renan[3]; 2° le *papyrus égypto-araméen*, appartenant au Musée égyptien du Louvre, expliqué et analysé pour la première fois par M. l'abbé J.L. Bargès (Paris, 1862, in-4°), et contenant une note ou mémoire de dépenses dressé pour quelque grand personnage égyptien par son économe ou l'intendant de sa maison; 3° les courtes *Inscriptions araméennes et nabatéennes du Haouran*, publiées et expliquées pour la première fois par M. le comte de Vogüé[4]; et surtout 4° un excellent Mémoire de M. le duc de Luynes sur les *Monnaies des Nabatéens*[5], où l'on voit en même temps le rapport qu'il y a entre les légendes de ces monnaies et les inscriptions sinaïtiques.

En effet, les inscriptions qui couvrent les rochers de la presqu'île du Sinaï cachent probablement aussi un dialecte araméen. Ces inscriptions ont excité depuis longtemps une très-vive curiosité parmi les orientalistes d'Europe. Plusieurs savants allemands, et notamment E. F. F. Beer, Frédéric Tuch et M. A. Lévy, en ont abordé le déchiffrement; mais on n'a pu préciser d'une manière absolue ni l'époque de ces inscriptions, qui ne remonte pas sans doute au delà de l'ère chrétienne, ni le dialecte dans lequel elles ont été écrites, car elles ne renferment guère que des noms propres et quelques mots qui se répètent dans presque toutes. Ce sont des

---

[1] *Bulletin archéologique de l'Athenæum français*, août et septembre 1855.

[2] *Revue de l'Orient*, mars 1856.

[3] *Journ. as.* avril-mai 1856, p. 407 et s.

[4] *Revue archéol.* 1864.

[5] *Revue numismatique*, 1858, p. 296 et suiv.

voyageurs ou des pèlerins qui ont voulu laisser sur ces rochers des traces de leur passage. On trouve de ces inscriptions dans toute la presqu'île sinaïtique, et au nord, jusque dans le Haouran. Les savants français se sont peu occupés de l'interprétation de ces *mementos*, et nous n'avons à mentionner qu'un Mémoire de M. François Lenormant, qui cherche à démontrer que ces inscriptions ont une origine chrétienne et qu'elles datent des premiers siècles du christianisme[1]. Cette opinion a trouvé des contradicteurs. Quoi qu'il en soit, nous possédons le texte de plusieurs centaines de ces inscriptions dans l'ouvrage de M. Lottin de Laval, intitulé : *Voyage dans la péninsule arabique du Sinaï et dans l'Égypte moyenne* (Paris, in-fol. 1855-1859). Ce beau recueil laisse cependant çà et là à désirer sous le rapport de l'exactitude.

HIMYARITE ET ÉTHIOPIEN.

La langue himyarite ou celle du midi de l'Arabie, dans laquelle nous ne possédons que des inscriptions dont le déchiffrement n'est pas encore très-avancé, a été en Allemagne l'objet de quelques travaux de Gesenius, de Rœdiger et d'Osiander, et on possède surtout, de ce dernier, un beau travail posthume sur les inscriptions himyarites. En France, MM. Mohl et Fulgence Fresnel ont rendu de grands services à ces études, en publiant les inscriptions de ce genre rapportées, par M. Th. Jos. Arnaud, de Saba et d'autres lieux[2], et en essayant d'en interpréter quelques-unes. M. Fresnel avait déjà communiqué, dès 1838, dans ses *Lettres sur l'histoire des Arabes avant l'Islamisme*, des détails fort curieux sur la langue *ekhili* ou himyarite moderne dont il a fait connaître un certain nombre de règles grammaticales, très-propres à servir de base à l'étude des inscriptions himyarites.

Grâce aux travaux de M. Fresnel, on peut dire maintenant avec certitude que c'est de la langue himyarite qu'est issu l'éthiopien

---

[1] *Journal asiatique*, janvier-février, mars 1859.

[2] *Journal asiatique*, septembre-octobre 1845.

ou le ghez, qui existe encore comme langue savante en Abyssinie, et qui a été apporté en Afrique du midi de l'Arabie. On sait que la littérature ghez est toute chrétienne; elle a été peu cultivée en France, surtout dans ces derniers temps. Nous n'avons à nommer ici que le courageux voyageur M. Antoine d'Abbadie, qui nous a fait connaître dans ses *Lettres* insérées au *Journal asiatique* une foule de faits nouveaux concernant l'Éthiopie et les diverses langues qu'on y parle. M. d'Abbadie a profité de son séjour en Abyssinie pour réunir la plus belle collection que l'on connaisse de manuscrits éthiopiens[1]. Son *Catalogue* renferme, dans 234 numéros, au moins les trois quarts de la littérature entière. On y trouve des traductions de la Bible, quelques œuvres des Pères grecs, et quelques chroniques relatives à l'histoire du pays. C'est d'après un de ces manuscrits que M. d'Abbadie a publié en éthiopien et accompagné d'une version latine l'ouvrage d'Hermas, auteur ecclésiastique du IIe siècle de l'ère chrétienne, intitulé le *Pasteur*[2]. L'ouvrage de M. d'Abbadie a paru à Leipzig sous les auspices de la Société orientale d'Allemagne. M. le professeur Dillmann, connu par ses importantes publications sur la langue *ghez*, s'est chargé de l'impression, et y a joint des notes et des corrections.

ASSYRIEN.

Nous avons enfin à parler d'une découverte de haute importance, qui appartient à notre époque et qui a enrichi la famille sémitique d'une nouvelle langue dont, il y a vingt-cinq ans, on ne soupçonnait pas l'existence, et dont aujourd'hui nous possédons déjà quelques milliers de mots, ainsi que presque tout l'édifice grammatical. La France et l'Angleterre se partagent la gloire de cette découverte si grande, quoique incomplète, et nous osons dire que, si l'histoire et les arts doivent une égale reconnaissance aux

---

[1] *Catalogue raisonné des manuscrits éthiopiens appartenant à Antoine d'Abbadie.* Paris, 1859, in-4°.

[2] *Hermæ pastor, æthiopice nunc primum edidit et æthiopica latine vertit* Antonius d'Abbadie (Leipzig, 1860, in-8°).

savants des deux pays, c'est à la France que revient la part principale dans la connaissance matérielle de la langue dont il s'agit et des règles grammaticales qui lui sont propres. On devine que nous voulons parler de la langue assyrienne, qu'ont révélée les nombreux monuments de Ninive et de Babylone, couverts d'inscriptions qu'on appelle *cunéiformes*, et dont les efforts réunis d'un petit nombre de savants français et anglais sont parvenus à trouver la clef. C'est une découverte qu'on peut comparer à celle des écritures égyptiennes, quoiqu'elle ait encore plus d'un progrès à faire. Le déchiffrement de l'écriture assyrienne s'est opéré d'une manière analogue à celui de l'écriture hiéroglyphique et démotique des Égyptiens; dans l'une et dans l'autre, l'analyse graphique d'un certain nombre de noms propres, écrits dans deux ou trois langues, dont l'une était connue, a servi de point de départ. Il a suffi d'un petit nombre d'années pour découvrir que l'écriture assyrienne n'était point alphabétique, mais qu'elle était syllabique et en partie idéographique; que la langue était une branche de la famille sémitique, mais qu'elle avait son caractère particulier qui la distinguait de toutes les autres langues sémitiques. Les règles de cette langue sont trouvées en grande partie; l'interprétation des textes a révélé des faits historiques inconnus, et déjà l'on peut dire que des horizons sans bornes s'ouvrent pour la connaissance de l'histoire des plus grands empires d'Orient.

La France peut revendiquer une part très-considérable de cette œuvre commune. Botta, de Saulcy, Oppert, sont des noms désormais inséparables, dans lesquels se résument les résultats scientifiques que notre pays a su tirer jusqu'à ce jour de ce qu'on peut appeler la résurrection de l'Assyrie.

A M. Botta revient le premier honneur de cette résurrection. En 1843, le gouvernement français jugea à propos d'établir un consulat à Mossoul, situé sur la rive gauche du Tigre, dans la contrée que la tradition désignait comme l'emplacement de l'ancienne Ninive; M. Botta fut choisi pour ce poste, et on lui donna la mission de rechercher les traces de la célèbre capitale de l'empire assyrien. On sait qu'après quelques recherches infructueuses dans les environs du village qui porte encore le nom de *Ninouah,* M. Botta, averti par un indigène, se décida à faire pratiquer des fouilles à *Khorsabad,* petit village situé sur un monticule au nord de Mossoul, et que ces fouilles eurent un résultat inespéré. M. Botta le premier eut la gloire d'exhumer le palais d'un roi assyrien. On peut lire les *Lettres* de M. Botta sur ses découvertes à Ninive, adressées à M. Mohl, et publiées dans le *Journal asiatique* (1843 et 1844), ainsi que son *Rapport,* du 22 mars 1844, à M. le Ministre de l'intérieur (*ibid.* février-mars 1845). M. Flandin avait été adjoint comme artiste à M. Botta; les magnifiques résultats obtenus et par le savant et par l'artiste furent plus tard publiés dans le grand ouvrage achevé en 1851 et intitulé : *Monument de Ninive, découvert et décrit par M. Botta, mesuré et dessiné par M. Flandin; ouvrage publié par ordre du gouvernement* (Paris, 5 vol. in-fol.). M. Botta avait copié plus de deux cents inscriptions qui couvraient les murs du palais de Khorsabad; il ne s'était pas borné à la simple copie de ces inscriptions, il en avait soigneusement collationné un grand nombre, identiques entre elles, et il avait cru s'apercevoir que beaucoup de signes, en apparence très-divers, étaient, dans l'écriture assyrienne, employés indifféremment les uns pour les autres. Il rédigea le catalogue de ces signes équivalents et le publia dans une série d'articles du *Journal asiatique* (1847 et 1848), sous le titre de *Mémoire sur l'écriture assyrienne.* Ce travail devait être plus tard d'un grand secours à ceux qui s'occuperaient du déchiffrement des inscriptions assyriennes.

M. de Saulcy, avec l'instinct paléographique qui le caractérise, ne pouvait manquer d'exercer sa sagacité sur ces inscriptions. M. Botta avait démontré l'identité graphique de la troisième écriture de Persépolis et de l'écriture de Khorsabad, en appliquant le procédé qui conduisit Grotefend à reconnaître l'identité de ladite écriture de Persépolis et de celle de Babylone. M. de Lœwenstern avait fait un premier essai de déchiffrement, en déterminant quelques signes des inscriptions trilingues, dont il fit ensuite l'application aux inscriptions ninivites[1], et ces premiers essais contenaient quelques bonnes observations. Il avait compris notamment que la langue assyrienne devait être sémitique. De son côté, M. de Longpérier, dans la *Revue archéologique* (1847), s'était exercé sur les riches collections qui affluaient au Louvre; il avait déchiffré entre autres une légende royale qui se répète sur plusieurs monuments de Khorsabad, et où il avait reconnu le nom de Sargon, mentionné par le prophète Isaïe (ch. xx, v. 1)[2]. M. de Saulcy publia, vers la fin de 1849, plusieurs brochures autographiées sur les inscriptions cunéiformes et fixa particulièrement son attention sur l'écriture assyrienne. Il ne fit encore que *pressentir* le syllabisme de cette écriture, démontré plus tard par le docteur Hincks, et il commença à constater le sémitisme de la langue qu'elle servait à exprimer. Le colonel Rawlinson ayant publié enfin la partie assyrienne de la grande inscription de Béhistoun, dont jusque-là il avait été le possesseur exclusif, M. de Saulcy étudia ce texte important, auquel il appliqua la méthode qui avait fait le succès de ses précédents écrits, et il communiqua au *Journal asiatique* (février 1854) sa *Traduction de l'inscription de Béhistoun*, à laquelle il joignit, dans le cahier de février-mars 1855 (p. 109 et suiv.), un *Lexique de l'inscription assyrienne de Béhistoun*, en y ajoutant toutes les expressions qu'il avait cru reconnaître dans les textes assyriens des Achéménides publiés précédemment.

Les résultats obtenus par M. de Saulcy avaient préparé la voie aux assyriologues pour tenter d'aborder les inscriptions unilingues

---

[1] Voyez *Essai de déchiffrement de l'écriture assyrienne pour servir à l'explication du monument de Khorsabad*, par Is. de Lœwenstern, Paris, 1845, in-8°. — *Exposé des éléments constitutifs du système de la troisième écriture cunéiforme de Persépolis*, par Is. de Lœwenstern (Paris, 1847, in-8°).

[2] Cf. une *Lettre* de M. de Longpérier au *Journal asiatique*, novembre-décembre 1847, p. 532 et suiv.

de Ninive et de Babylone. C'est à M. Oppert qu'appartient le mérite d'avoir fait la première tentative véritablement heureuse de ce genre. On connaît les progrès considérables dont les études assyriennes sont redevables à ce savant; il lui a été donné d'analyser, souvent avec une sagacité surprenante, parfois avec une confiance qu'on a pu taxer de témérité, un bon nombre d'inscriptions unilingues, et il a réuni plus tard en un corps de doctrine les résultats importants qu'il avait obtenus et qui forment sa *Grammaire assyrienne*. Nous ne pouvons nous dispenser d'énumérer ici les principaux ouvrages de cet éminent assyriologue, qui lui ont acquis une juste renommée, et qui ont frayé la voie à l'étude approfondie des textes assyriens.

1° *Inscription de Borsippa, relative à la restauration de la tour des langues, par Nabuchodonosor.* C'est le premier essai de déchiffrement, d'analyse grammaticale et d'interprétation qui ait été tenté sur une inscription unilingue assyrienne. Cette inscription remarquable avait été trouvée par le colonel Rawlinson, dans le *Birs-Nimroud*, à Babylone. Le texte se trouve sur deux barils d'argile, portant deux inscriptions presque identiques [1].

2° *Expédition scientifique en Mésopotamie*, exécutée par ordre du gouvernement, de 1851 à 1854, par MM. F. Fresnel, F. Thomas et J. Oppert, publiée par M. Jules Oppert, t. II, 1859; t. Ier, 1863, in-4°. Le tome II, qui a paru d'abord, traite du déchiffrement des inscriptions cunéiformes. Après avoir exposé les principes de la lecture, l'auteur les applique d'abord aux inscriptions trilingues; il analyse les quatre-vingt-dix noms propres fournis par les inscriptions assyriennes des Achéménides, et il en déduit les valeurs syllabiques, en grande partie déjà connues par les travaux de M. de Saulcy et d'autres. Ensuite, il passe aux inscriptions assyriennes unilingues et en explique un certain nombre. C'est le premier traité systématique sur la matière; les analyses témoignent d'une connaissance profonde des monuments assyriens les plus variés.

---

[1] *Journal asiatique*, 1857, février-mars, p. 125 et suiv. juin, p. 490; août-sept. p. 168.

Comme on le pense bien, l'auteur a dû avoir recours à beaucoup d'hypothèses qui laissent naturellement des doutes dans l'esprit du lecteur, et qui ont provoqué des critiques et amené plus tard des rectifications.

Le tome I contient la relation du voyage, l'exposé des travaux de la Commission, la topographie du terrain de Babylone, avec la détermination de l'emplacement des édifices dont les ruines couvrent le sol, et le commentaire des descriptions que les anciens nous ont laissées de cette ville. Enfin, l'auteur donne des détails moins développés sur l'emplacement de Ninive, de Khorsabad et d'autres localités.

3° *Éléments de la grammaire assyrienne* (Paris, 1860, in-8°). Cet écrit est un complément au tome II du précédent ouvrage; l'auteur y a, le premier, exposé systématiquement les règles grammaticales de la langue assyrienne, déterminées soit dans ses propres interprétations, soit dans celles d'autres assyriologues, et il exprime l'espoir que cet essai convaincra les hommes versés dans les langues sémitiques de l'exactitude du déchiffrement. En effet, par cet ouvrage, corroboré de ceux de Hincks, le sémitisme de la langue assyrienne devient parfaitement évident, et les formes grammaticales, notamment celles de la conjugaison, offrent le plus grand rapport avec celles des dialectes araméens, sans qu'on doive pour cela confondre l'araméen avec l'assyrien, qui a son caractère particulier et qui renferme beaucoup de racines hébraïques, arabes, etc. Certains points, pour tout dire, restent encore douteux, à en juger par l'essai posthume de grammaire assyrienne du savant anglais qui vient d'être cité, et dont les idées diffèrent de celles de M. Oppert sur des particularités qui ne sont pas sans importance.

4° *Grande inscription du palais de Khorsabad* (*Journal asiatique*, 1863 et 1864). Dans le préambule de ce travail, on lit : «L'histoire de Sargon, roi d'Assyrie, dont la Bible ne nous avait conservé que le nom (Isaïe, ch. xx), nous est connue aujourd'hui, en grande partie du moins, par les inscriptions du palais de Khorsabad. Le document dont nous publions le texte, la transcription, la traduction et l'interprétation philologique, est le récit le plus étendu qui soit parvenu jusqu'à nous sur ce grand règne. » Le texte est puisé dans le *Monument de Ninive*, par M. Botta, dont nous avons parlé plus haut. Dans le commentaire, l'auteur, en se fondant sur les résultats déjà obtenus précédemment et qu'il considère comme certains, n'a expliqué que ce qui restait encore douteux pour lui. Un vocabulaire résume les données philologiques qui ressortent de ce travail [1].

5° *Histoire des empires de Chaldée et d'Assyrie d'après les monuments* (dans les *Annales de philosophie chrétienne*, 1865, n°s de février et suiv.). Cet ouvrage est encore inachevé. Les documents, dont l'auteur avait déjà publié une partie dans son *Expédition de Mésopotamie* et ailleurs, sont ici classés chronologiquement. En outre, M. Oppert fut un des quatre savants qui acceptèrent l'épreuve proposée par la Société asiatique de Londres, en 1857, en traduisant une inscription de plus de huit cents lignes, traitant de l'histoire des premières années de Téglath Piléser I, roi d'Assyrie, dont le règne tomberait vers le milieu du XIIe siècle avant J. C.

M. Ménant aussi, sur les pas de M. Oppert, a rendu des services aux études assyriennes, qu'il s'est surtout proposé de populariser dans son écrit intitulé : « *Les écritures cunéiformes*, exposé des travaux qui ont préparé la lecture et l'interprétation des inscriptions de la Perse et de l'Assyrie » (Paris, 1860, in-8°). Il y expose avec beaucoup de clarté l'histoire de ces travaux, la voie qu'on a suivie pour résoudre les problèmes, et les résultats principaux auxquels on est arrivé. Une seconde édition, revue et considérablement augmentée, de cet ouvrage a été publiée en 1864.

Nous possédons encore du même auteur :

1° *Les Inscriptions assyriennes des briques de Babylone, Essai de lecture et d'interprétation* (Paris, 1859, in-8°, 155 pages avec 2 pl.).

---

[1] *Journal asiatique*, août-septembre 1865, p. 133.

Ce fut surtout l'analyse de l'inscription de Borsippa par M. Oppert qui permit à M. Ménant de tenter à son tour cet essai sur les inscriptions qui couvrent ces innombrables briques, sorties des ruines de Babylone;

2° *Inscriptions de Hammourabi, roi de Babylone* (xvi° siècle avant J. C.), traduites et publiées avec un commentaire à l'appui, par M. Joachim Ménant (Paris, 1863, in-8°);

3° *La grande inscription du palais de Khorsabad*, qu'il a publiée en commun avec M. Oppert. On lui doit surtout la rédaction du Glossaire;

4° *Un syllabaire assyrien*, qui doit être imprimé dans les Mémoires présentés par divers savants à l'Académie des inscriptions et belles-lettres.

Le sémitisme de la langue assyrienne a été reconnu aussi par M. le comte de Gobineau dans son ouvrage intitulé : *Traité des écritures cunéiformes* (Paris, 1864, gr. in-8°, 2 forts vol.). Mais, selon cet auteur, la langue des inscriptions de Khorsabad ne peut être qu'un *dialecte arabe*. Il s'écarte tellement de ses devanciers, tant sous le rapport de la chronologie que sous celui de l'interprétation, que, s'il ne s'est pas fait d'illusion, tous les résultats scientifiques obtenus avant lui, et même ceux que les travaux de Burnouf et de Lassen, relatifs aux inscriptions perses des Achéménides, ont marqués du caractère de l'évidence, seraient nécessairement faux. Mais ses propres interprétations et les conclusions qu'il en tire sont si arbitraires, si étranges, qu'elles ne sauraient être admises par aucun lecteur réellement au courant de la science. Le dernier chapitre de son ouvrage *Sur le développement historique des idées chaldéennes* renferme des réflexions qui ne sont pas sans intérêt concernant l'influence exercée par les Araméens sur les Perses, les juifs et les chrétiens. L'auteur, ici et ailleurs, a fait preuve de beaucoup d'esprit et même d'érudition. Mais il lui sera difficile de faire partager ses idées sur les inscriptions cunéiformes, et de persuader aux hommes compétents que ces inscriptions si variées, si considérables, ne renferment que des formules talismaniques. La philologie comparée, assise sur des bases désormais inébranlables, continuera de les envisager sous un tout autre point de vue.

Nous ne pouvons mieux clore cette esquisse qu'en parlant de l'important ouvrage de M. Ernest Renan, intitulé : *Histoire générale et système comparé des langues sémitiques*, qui, publié en 1855, en 1 vol. grand in-8°, a eu jusqu'ici quatre éditions, succès inouï pour un ouvrage de cette nature, mais qui s'explique par le talent du brillant écrivain, sachant colorer et animer par son style les sujets en apparence les plus arides et les plus abstraits. Nous remarquons dans cet ouvrage deux parties bien distinctes, l'une purement spéculative, l'autre plus particulièrement historique. Nous n'avons point à nous occuper ici de la première, qui n'est pas du domaine de la philologie, mais qui contient des considérations philosophiques sur les langues et sur les races; nous aurions à y signaler certaines opinions systématiques et qui, purement subjectives, sont peu propres à servir de base à l'histoire. Ainsi, par exemple, la tendance au monothéisme attribuée d'une manière générale aux peuples sémitiques est une hypothèse qui, loin de s'appuyer sur les faits historiques, leur est, selon de savants juges, diamétralement opposée [1].

Mais les faits positifs que renferme l'autre partie de l'ouvrage de M. Renan forment le tableau le plus savant et le plus parfait de l'histoire des langues sémitiques. De nombreuses monographies, il est vrai, publiées en Allemagne et dans d'autres pays, traitent de divers points relatifs à ce sujet; mais aucun pays ne peut se vanter de posséder un ouvrage où cette histoire ait été présentée dans son ensemble et où elle ait été racontée avec un si grand talent, uni à l'érudition la plus solide. La langue assyrienne seule,

---

[1] M. Renan a cherché à justifier cette hypothèse dans un article publié au *Journal asiatique* (n°° de février-mars et avril-mai 1859), sous le titre suivant : *Nouvelles considérations sur le caractère général des peuples sémitiques et en particulier sur leur tendance au monothéisme.*

par une exclusion qui ne saurait se justifier aujourd'hui, est absente du tableau de M. Renan. On conçoit qu'à l'époque où parut la première édition de son ouvrage, le caractère sémitique de l'idiome contenu dans les inscriptions cunéiformes de la troisième espèce ait pu être révoqué en doute par des esprits difficiles; mais on ne saurait s'empêcher de s'étonner que, depuis, M. Renan, tout en admettant ce caractère, n'ait pas jugé les résultats des études assyriennes assez mûrs pour prendre rang à côté des données fournies par les anciennes méthodes philologiques et paléographiques.

Quoi qu'il en soit, nous pouvons souscrire sans réserve au jugement porté sur l'ouvrage de M. Renan par un de ses plus savants critiques, qui en a fait ressortir avec impartialité les qualités et les défauts : « Pour ceux, dit M. Franck dans ses *Études orientales* (p. 425), qui jugent un livre moins par les conclusions, ordinairement condamnées ou absoutes d'avance, que par la force avec laquelle l'auteur les soutient, ils trouveront dans celui de M. Renan des qualités rarement unies : une patience et une gravité dans les recherches, une connaissance des faits et des livres, qui ne semblent appartenir qu'à un érudit; une précision et une élégance de langage, une vivacité d'imagination, un talent de composition et de style qui ne semblent appartenir qu'à un écrivain et même à un artiste; enfin, une hauteur de vues, une puissance d'abstraction et quelquefois d'hypothèse qui paraissent être l'apanage du philosophe. Il ne faut pas croire que ces facultés se rencontrent par intervalles l'une à côté de l'autre; elles s'exercent toujours ensemble, elles se pénètrent l'une l'autre, si je puis ainsi parler, et c'est là surtout ce qui fait de ce livre de philologie un ouvrage si original et si attachant à la lecture. »

LANGUE

ET LITTÉRATURE ARABES.

LANGUE

ET LITTÉRATURE ARABES.

Dans cet exposé des travaux exécutés de nos jours en France sur la langue et la littérature arabes, nous prendrons pour point de départ l'année 1838, année de la mort de l'illustre Silvestre de Sacy. Silvestre de Sacy a longtemps tenu le sceptre de la littérature arabe, non-seulement en France, mais dans toute l'Europe, et la plupart des orientalistes d'aujourd'hui procèdent de lui; il était donc aussi juste que convenable de rattacher notre tableau au nom de ce savant éminent.

Nous commençons naturellement par les travaux de M. Étienne Quatremère, mort en 1857. M. Quatremère, membre de l'Académie des inscriptions, professeur d'hébreu, de chaldaïque et de syriaque au Collége de France, de persan à l'École des langues orientales, avait suivi pour l'arabe les leçons de M. de Sacy, et il fit une étude profonde de cette langue. En 1837, année qui précéda la mort de son maître, il publia la première partie de sa traduction française de l'*Histoire des sultans mamlouks de l'Égypte,* par Makrizi. Cette Histoire commence à l'année 1250 de l'ère chrétienne, immédiatement après la première croisade de saint Louis, et s'étend jusqu'à l'année 1440, où l'auteur cessa de vivre; malheureusement la traduction française, qui forme deux volumes in-4°, s'arrête à l'année 1309. On sait que les sultans mamlouks sont ainsi appelés d'un mot arabe qui signifie *esclave,* parce que, nés dans des régions étrangères, ils avaient d'abord été achetés comme tels par les princes qu'ils remplaçaient. Ces barbares firent de grandes choses et élevèrent la puissance de l'Égypte à un haut degré. Pour nous borner à la période dont s'est occupé M. Quatremère, ils subjuguèrent toute la Palestine et la Syrie, y compris les colonies fondées par les croisés en Orient; ils y joignirent même la Cilicie et une partie de l'Asie Mineure. A cette époque les hordes tartares, mises en mouvement par Gengis-Khan et ses enfants, étaient maîtresses de toutes les contrées du nord de l'Asie et du sud-est de l'Europe, depuis la Chine jusqu'à la mer Noire, et occupaient même la Perse, la Mésopotamie et les contrées voisines. Leurs bandes traversèrent l'Euphrate et s'avancèrent jusqu'aux frontières de l'Égypte. Les chrétiens étaient alors plus nombreux et plus influents dans le pays qu'aujourd'hui, et les Tartares, qui n'avaient pas encore adopté de religion révélée, n'étaient pas éloignés d'entrer dans le giron du christianisme. Ce furent les sultans mamlouks qui opposèrent un frein aux Tartares, qui même les vainquirent, et qui assurèrent le triomphe de l'islamisme dans l'Asie occidentale. On voit de quel intérêt est pour nous l'ouvrage dont M. Quatremère nous a fait connaître la première partie. Mais cet ouvrage est rédigé comme le sont en général les chroniques arabes. Les faits, enregistrés année par année, sont rarement accompagnés d'observations politiques ou morales; on dirait que l'auteur est retenu à la fois par la crainte de blesser l'autorité du moment et par celle d'offenser la Providence, qui règle les événements comme elle le juge convenable. En bien des cas M. Quatremère aurait pu suppléer à ce qui manque au texte original, et, quoiqu'il ne l'ait pas fait, cette publication n'en fut pas moins un très-grand service rendu à la science, à la philologie surtout, à la biographie et à la géographie.

En 1838 parut le treizième volume du *Recueil des notices et extraits des manuscrits de la Bibliothèque du Roi*. On sait que ce recueil, qui fut fondé sous le règne de Louis XVI, a pour objet de faire connaître par des analyses critiques et des extraits plus ou moins étendus les ouvrages orientaux et occidentaux qui se trouvent en manuscrits, et qui, soit par leur masse, soit par l'état défectueux des exemplaires, ne sauraient être mis intégralement sous les yeux du public. Beaucoup de ces notices ont contribué à agrandir nos connaissances sur l'Orient. Le livre abordé par M. Quatremère, dans le volume qui vient d'être cité, est une espèce de tableau de l'univers, tracé dans la première moitié du xive siècle de notre ère, et qui a pour titre *Mésalik-al-absar* ou *Visées des yeux*. La Bibliothèque impériale ne possède que quelques volumes dépareillés de cette encyclopédie, et ceux dont M. Quatremère a eu à s'occuper sont consacrés à la description de l'Inde, de la Perse, de l'Asie Mineure et des environs de la mer Caspienne. Là, M. Quatremère était libre de choisir les questions, et l'on peut être sûr d'y goûter les fruits d'une vaste érudition. Cette notice occupe 234 pages, et elle n'est pas la seule dont il ait enrichi le Recueil de l'Académie. Parmi tant d'autres travaux qui se partagèrent une vie exclusivement dévouée à la science et à l'enseignement, on ne saurait oublier les immenses matériaux de lexicographie orientale aujourd'hui déposés à la bibliothèque de Munich, surtout le Dictionnaire arabe, qui occupa M. Quatremère jusqu'à sa dernière heure et qu'il s'était décidé à publier séparément, lorsque la mort le surprit.

Après M. Quatremère vient, par ordre d'ancienneté, M. Caussin de Perceval, fils de l'ancien professeur d'arabe du même nom. M. Caussin de Perceval est membre de l'Académie des inscriptions, professeur d'arabe littéral au Collége de France et professeur d'arabe vulgaire à l'École des langues orientales vivantes. Comme savant, il est surtout connu par son *Essai sur l'histoire des Arabes avant l'islamisme, pendant l'époque de Mahomet et jusqu'à la réduction de toutes les tribus sous la loi musulmane*, 1847, trois volumes in-8°. L'histoire des Arabes dans les temps primitifs n'offre point par elle-même un grand intérêt; d'ailleurs, à cette époque, les Arabes n'écrivaient pas, et les témoignages manquent. Mais aux approches de notre ère, les généalogies des personnages notables s'établissent; vers le ive siècle il se forme une poésie nationale, qui recèle un certain nombre de faits historiques, puis, quelques années avant Mahomet, vient une écriture particulière; enfin apparaît Mahomet, et les nomades, qui semblaient condamnés à rester à jamais dans leurs déserts, se répandent sur la plus grande partie de l'ancien monde. Le sujet traité par M. Caussin de Perceval avait déjà attiré l'attention d'un savant orientaliste allemand, Reiske, lequel florissait il y a un siècle, et celle de l'illustre Silvestre de Sacy et de Fresnel, un de ses plus ingénieux disciples. Le nouvel écrivain n'était pas seulement en état, par ses connaissances philologiques, d'entrer à son tour dans la carrière; il a eu à sa disposition quelques manuscrits arabes inconnus à ses devanciers; il a fait un usage plus fructueux des témoignages grecs et latins; doué d'un vif sentiment poétique, il a rendu avec un soin particulier en français les nombreuses poésies arabes qu'il avait à mettre à contribution; en un mot, il a fait un livre qui a reçu du monde savant et de tous les hommes instruits un accueil mérité.

M. Reinaud, membre de l'Académie des inscriptions, qui a succédé à M. Silvestre de Sacy dans sa chaire d'arabe littéral à l'École des langues orientales vivantes, et dans ses fonctions de conservateur des manuscrits orientaux de la Bibliothèque impériale, fut son disciple pour l'arabe et pour le persan. N'étant encore qu'employé, il mit en ordre les nombreux manuscrits arabes, persans et turcs de ce grand établissement, qui n'étaient pas classés, et ce travail, en apparence ingrat, ne lui a pas été inutile pour ses publications subséquentes. On doit à M. Reinaud, conjointement avec M. de Slane, une édition critique du texte arabe de la géographie d'Aboul-Féda, 1840, in-4°. Cet ouvrage, composé dans la première moitié du xiv° siècle, a toujours eu de la réputation en Orient. Déjà il en avait été publié des fragments en Occident. La présente édition a été faite d'après les manuscrits de la Bibliothèque impériale et d'après une copie autographe qui se conserve dans la bibliothèque de Leyde.

Plusieurs personnes pensant que le texte d'un ouvrage aussi important ne suffisait pas, M. Reinaud en entreprit une traduction française, accompagnée de notes. De plus, comme le traité d'Aboul-Féda est un livre de doctrine, et qu'à la différence des traités grecs et latins, presque rien n'avait été fait en Europe sur les doctrines géographiques des Arabes et des peuples voisins, M. Reinaud consacra plusieurs années à une introduction générale à la géographie orientale. L'année 1849 vit paraître à la fois la première partie de la traduction, la seule qui ait été publiée jusqu'ici, et le volume de l'introduction, le tout accompagné de cartes.

En 1849, M. Reinaud inséra dans le tome XVIII du Recueil des mémoires de l'Académie des inscriptions un mémoire de 400 pages, intitulé *Mémoire géographique, historique et scientifique sur l'Inde, antérieurement au milieu du XIe siècle de l'ère chrétienne, d'après les écrivains arabes, persans et chinois*. On sait que les Indiens ne possèdent pas d'histoire. Par horreur pour la réalité des choses, les disciples de Brahma, si, dans leurs écrits, ils font allusion à un événement historique, le défigurent tellement qu'on ne peut plus le reconnaître. Les bouddhistes sont moins scrupuleux; mais ce n'est qu'à présent qu'on commence à distinguer dans leurs légendes les noms grecs, indiens et chinois altérés. D'un autre côté, les témoignages chinois et grecs sont par eux-mêmes insuffisants. M. Reinaud, ayant recueilli des témoignages arabes, rédigés aux VIIIe et IXe siècles de notre ère, à une époque où les traditions indiennes n'étaient pas encore devenues méconnaissables, a essayé de mettre en lumière bien des faits à peu près oubliés et a ainsi fourni des documents précieux aux historiens modernes de l'Inde.

Avant de mettre la dernière main à son *Introduction à la géographie des Orientaux* et à son *Mémoire sur l'Inde,* M. Reinaud avait publié deux livres qui ont servi en partie de base aux deux autres. Ce sont : 1° *La relation des voyages faits par les Arabes et les Persans dans l'Inde et à la Chine, dans le IXe siècle de l'ère chrétienne,* texte arabe (imprimé par Langlès) et traduction française, avec notes et éclaircissements, Paris, 1845, deux volumes in-18. Déjà il avait paru, il y a un siècle et demi, une traduction de cette même relation par l'abbé Renaudot; mais à cette époque on ne connaissait pas assez bien les choses de l'Inde et de la Chine pour que la traduction d'un pareil traité pût être suffisamment exacte. 2° *Fragments arabes et persans inédits, relatifs à l'Inde, antérieurement au xie siècle de l'ère chrétienne*, texte et traduction, 1845, in-8°.

La même année M. Reinaud fit imprimer, conjointement avec M. Favé, capitaine d'artillerie aujourd'hui général, un volume intitulé *Du feu grégeois, des feux de guerre et des origines de la poudre à canon, d'après des textes nouveaux*, avec un atlas de 17 planches. Une partie de ces textes nouveaux a été tirée des manuscrits arabes de la Bibliothèque impériale, manuscrits dont la composition remonte aux xiiie et xive siècles, époque où la poudre à canon était en voie de formation.

Il existe en arabe un recueil de cinquante discours, partie en prose, partie en vers, où le même individu est mis en scène, et où on le fait passer par les diverses situations de la vie. C'est, après le Coran, l'ouvrage le plus populaire de la littérature arabe. L'auteur, qui se nomme Hariri, florissait à Bassora, sur les bords du Tigre, au commencement du xiie siècle; malheureusement le style du livre est fort recherché et les indigènes eux-mêmes ont toujours eu besoin de s'aider du secours d'un commentaire en arabe, tel qu'il en existe un grand nombre. En 1822 M. Silvestre de Sacy publia les cinquante discours avec un commentaire composé de ce qu'il avait trouvé de meilleur dans les commentaires indigènes, un volume in-folio. L'édition en étant épuisée, MM. Reinaud et Derenbourg en firent imprimer une autre, augmentée de notes et d'un discours préliminaire, deux volumes in-4°, 1853.

M. Reinaud, dans tout le cours de sa carrière, n'a presque pas cessé de porter son attention sur l'Orient et sur l'Occident à la fois. En 1829 il publiait un choix d'extraits *des historiens arabes des guerres des croisades*, in-8°. Il faisait imprimer, en 1836, une *Histoire des invasions des Sarrasins en France et dans les contrées voisines*, sur laquelle nous reviendrons plus loin; on a vu que, dans les années subséquentes, il a traité de l'Inde et de la Chine; à partir de 1860 il a entrepris d'éclairer certains points de l'histoire des Grecs et des Romains, à l'aide des données fournies par les historiens arabes, persans, indiens et chinois. De quel prix ne sont pas les écrits légués par les Hérodote, les Polybe, les Tite-Live, les Tacite, etc.? Mais ces écrivains immortels n'ont pas tout dit; d'ailleurs nous ne possédons qu'une partie de leurs récits. On est redevable à M. Reinaud de trois mémoires importants en eux-mêmes et qui peuvent jeter un nouveau jour sur certaines parties de la littérature classique. Ce sont : 1° *Un mémoire sur le royaume de la Mésène et de la Kharacène, entre le IIIe siècle avant l'ère chrétienne et le VIe siècle après J. C.* La Mésène et la Kharacène sont les deux contrées situées vers l'embouchure du Tigre et de l'Euphrate, en y ajoutant les côtes du golfe Persique, situées à l'est et à l'ouest. A ne considérer ces deux contrées qu'au point de vue du rôle qu'elles jouent aujourd'hui, elles ne méritent pas une grande attention; mais, à l'époque dont il s'agit, les navigateurs européens n'avaient pas encore fait le tour de l'Afrique, et la vallée du Tigre et de l'Euphrate, la vallée où fleurirent successivement Ninive, Babylone et Séleucie, servait de passage au commerce d'une grande partie de l'ancien monde. L'intérêt politique n'était pas moindre : le royaume de la Mésène et de la Kharacène occupait une position intermédiaire entre l'empire romain et le royaume des Parthes. Les rois parthes, par suite de l'aversion des indigènes pour la mer, aversion qui tenait à des scrupules religieux suggérés par Zoroastre, n'eurent jamais de marine, et, tant que la Mésène et la Kharacène formèrent un État particulier, les navires romains purent circuler à l'aise dans les mers orientales; mais, l'an 225 de J. C. la dynastie parthe fut renversée par les rois Sassanides, et le royaume de la Mésène et de la Kharacène ayant été absorbé dans la nouvelle monarchie, les mers orientales devinrent peu à peu la propriété exclusive des navires arabes et persans. 2° *Mémoire sur le Périple de la mer Érythrée.* Ces derniers mots désignaient alors le vaste bassin qui s'étend des côtes orientales de l'Afrique jusqu'à la Malaisie et à la Chine. On trouve dans le Périple l'indication des ports de mer et des autres lieux des mers orientales fréquentés par les navires romains. Il renferme de plus des noms de princes et des indications d'événements. A quelle époque remonte la rédaction de cette relation? De cette question dépend la fixation des noms d'hommes et des événements. Jusqu'ici l'on croyait à peu près généralement que le Périple avait été rédigé dans le premier siècle de notre ère, à peu près sous le règne de Vespasien. M. Reinaud, par des raisons qu'il a déduites avec une grande probabilité, recule cette rédaction jusqu'au milieu du IIIe siècle. 3° *Relations politiques et commerciales de l'empire romain avec l'Asie orientale (l'Hyrcanie, l'Inde, la Bactriane, et la Chine), pendant les cinq premiers siècles de l'ère chrétienne, d'après les témoignages latins, grecs, arabes, persans, indiens et chinois.* En 1827, Abel Rémusat montra dans un mémoire intitulé: *Remarques sur l'extension de l'empire chinois du côté de l'Occident,* qu'un peu avant l'ère chrétienne et dans les siècles qui suivirent notre ère, les armées chinoises subjuguèrent la Tartarie et s'avancèrent à plusieurs reprises sur les bords du Iaxarte et de la mer Caspienne. C'est ici qu'apparaît pour la première fois le nom de *Sères,* qui, jusqu'à présent, avait donné lieu à des difficultés inextricables. D'un autre côté les auteurs latins du siècle d'Auguste, Virgile, Horace, Properce, Tibulle, et les écrivains postérieurs, parlent de l'Inde, de la Bactriane et de la Sérique, comme de pays avec lesquels l'empire avait des rapports plus ou moins intimes; mais la trace de ces rapports avait été effacée par le temps. Abel Rémusat n'avait pas songé à faire intervenir les témoignages occidentaux, et les amis de la littérature latine n'avaient aucune connaissance des témoignages chinois. Rapprocher ces divers témoignages et les éclairer les uns par les autres, tel est l'objet que s'est proposé M. Reinaud, et naturellement la géographie tient une grande place dans ce mémoire comme dans les deux précédents.

Un autre élève de M. de Sacy est M. le baron Mac Guckin de Slane, né en Irlande, mais depuis longtemps naturalisé Français. M. de Slane est membre de l'Académie des inscriptions et attaché comme interprète au ministère de la guerre. Il publia en 1842 la première moitié du texte du *Dictionnaire des hommes illustres de l'Islamisme,* par Ibn-Khallikan, un volume in-4°, et peu de temps après parurent les deux premiers volumes d'une traduction anglaise. La dernière partie de cette traduction s'achève en ce moment; le tout formera quatre volumes in-4°. Ibn-Khallikan florissait en Égypte et en Syrie vers le milieu du XIIIe siècle, à une époque où la littérature était très-cultivée, et son dictionnaire est un des ouvrages fondamentaux de la littérature arabe. Il a paru une édition complète du texte à Göttingue et au Caire; la traduction de M. de Slane est enrichie de notes et d'éclaircissements.

On doit aussi à M. de Slane une édition du texte de l'*Histoire des Berbères,* par Ibn-Khaldoun, deux volumes in-4°, et une *traduction française* de cette même histoire, quatre volumes in-8°. Ibn-Khaldoun, savant écrivain arabe du xive siècle, était originaire de l'Espagne; il s'établit en Afrique, puis alla mourir en Égypte. Quant aux Berbères, ils représentent la race primitive de l'Afrique, antérieurement à l'invasion successive des Phéniciens, des Grecs, des Romains et des Arabes. L'Histoire des Berbères fait partie d'une grande histoire musulmane en huit volumes environ, et c'est là que, pour la première fois, on a donné une attention particulière à une race qui, depuis notre occupation de l'Algérie, touche à la France de si près. Dès 1841 le grand ouvrage d'Ibn-Khaldoun avait fourni à M. Noël des Vergers, élève de M. Caussin de Perceval, le chapitre qui traite de *l'histoire de l'Afrique sous la dynastie des Aglabites et de la Sicile sous la domination musulmane, aux* IXe *et* X^e *siècles de l'ère chrétienne,* texte arabe et traduction française, in-8°.

Il existe à la Bibliothèque impériale une relation de l'Espagne et de l'Afrique, rédigée vers la fin du xe siècle par un écrivain espagnol nommé Bekri, et à cette époque il existait les rapports les plus étroits entre les deux contrées. En 1831 M. Quatremère publia, dans le tome XII du Recueil des *Notices et extraits*, une analyse substantielle de cette relation. Malheureusement le manuscrit de la Bibliothèque était défectueux. M. de Slane, s'étant procuré un exemplaire plus complet et plus exact, en entreprit une édition accompagnée d'une traduction française, 1857 et 1859, in-8°.

On sait que le grand ouvrage d'Ibn-Khaldoun débute par des considérations générales sur la géographie et l'histoire, sur les principes qui président à la société des hommes entre eux, sur la vie nomade, sur les croyances et les pratiques musulmanes. C'est ce qu'on appelle du nom de *Prolégomènes* et ce qui occupe tout le premier volume. M. Quatremère publia avant de mourir, le texte arabe de ces Prolégomènes dans les tomes XVI, XVII et XVIII du Recueil des *Notices et extraits*. M. de Slane en a donné une *traduction française* fort soignée dans le même Recueil, tomes XIX, XX et XXI, avec des notes où il a singulièrement amélioré le texte et éclairci en même temps les mots et les choses.

Un autre élève de M. de Sacy fut M. Munk, né en Allemagne, mais depuis longtemps établi en France. M. Munk fut membre de l'Académie des inscriptions et belles-lettres, professeur d'hébreu, de chaldéen et de syriaque au Collége de France. Né dans la religion juive, il apprit l'hébreu et le rabbinique presque en venant au monde; plus tard il fit d'excellentes études classiques en Allemagne et acquit une connaissance raisonnée du grec et du latin. Enfin, à partir de 1840 et avant qu'il eût le malheur d'être frappé de cécité, il remplit pendant quelque temps les fonctions d'employé au département des manuscrits de la Bibliothèque impériale, et en cette qualité il fit le catalogue des manuscrits hébreux et rabbiniques qui avaient jadis appartenu aux communautés de la Sorbonne et de l'Oratoire. Ces détails, comme on va le voir, ne sont pas inutiles pour l'appréciation des travaux de M. Munk. Une des deux principales publications de ce savant qui entrent dans le cadre de cette notice est : *Mélanges de philosophie juive et arabe*, 1859, in-8°. La partie arabe de ce volume consiste dans la notice des principaux philosophes arabes et dans l'exposé de leurs doctrines. Ces philosophes sont Avicenne, Averroès, etc. La vie et les doctrines de ces personnages n'étaient pas bien connues, et il a fallu la réunion des plus rares connaissances chez M. Munk pour y porter de nouvelles lumières. C'est en faisant concourir ensemble les données grecques et latines, les données arabes et les données rabbiniques que M. Munk avait puisées dans les manuscrits hébreux de la Bibliothèque impériale, qu'il lui a été possible d'arriver au but.

Le même genre de mérite se trouve dans une publication encore plus considérable dont M. Munk a pu voir le terme. C'est le livre de Maimonide, intitulé *Moré Névochim* ou *Guide des égarés*, et qui est un traité de théologie et de philosophie, 1856-1866, trois gros volumes in-8°. Maimonide était un juif d'Espagne, né dans la première moitié du xiie siècle de notre ère. Dans sa jeunesse il fut fait musulman de force; mais il ne cessa de protester, et finit par se retirer en Égypte. Il étudiait par goût la théologie et la philosophie, mais par état il était médecin. En Égypte il fut le médecin du grand Saladin et de sa famille. C'était un esprit curieux, savant, hardi, et en même temps réservé. La plus grande partie de ses écrits est en langue hébraïque, celui-ci est en arabe; peut-être l'auteur a-t-il employé l'arabe à dessein, afin de ne pas choquer la masse de ses coreligionnaires qui aurait été effrayée de sa hardiesse. Le fait est que le *Moré Névochim*, ayant été traduit de l'arabe en hébreu, souleva une violente tempête, notamment parmi les juifs de France. Quoi qu'il en soit, la publication de M. Munk était devenue un besoin de la science, et elle a été faite avec un soin et un savoir incomparables. Maimonide était au courant des doctrines grecques et orientales, telles du moins qu'elles circulaient de son temps; M. Munk a fait ce que Maimonide le plus souvent n'aurait pu faire : il a recouru aux sources mêmes. La version hébraïque avait été publiée il y a un peu plus de deux siècles et accompagnée d'une version latine. M. Munk a pu réformer un grand nombre d'erreurs du latin et de l'hébreu. Ajoutez à cela que, lorsque le texte donne naissance à quelques difficultés, des notes substantielles viennent au secours du lecteur.

Parmi les autres disciples de Silvestre de Sacy, nous devons citer encore M. L. Am. Sédillot, fils de J. J. Sédillot, le traducteur du *Traité des instruments astronomiques des Arabes par Aboul-Hassan de Marok*, 1834, in-4°. Celui-ci, qui fut successivement élève de l'École polytechnique et de l'École des langues orientales, avait eu le mérite d'introduire en France l'étude des mathématiciens arabes. M. L. Am. Sédillot, marchant sur les traces de son père, n'a pas seulement mis au jour les traductions laissées par celui-ci, il est lui-même auteur de diverses publications, parmi lesquelles on peut mentionner : 1° une *Description particulière des instruments astronomiques des Arabes*, laquelle a paru dans le premier volume d'un recueil publié par l'Académie des inscriptions et belles-lettres, sous le titre de *Recueil de savants étrangers*, etc. in-4°; 2° deux volumes in-8°, intitulés *Matériaux pour servir à l'histoire comparée des sciences mathématiques chez les Grecs et les Orientaux*, 1845-1849.

Enfin nous ferons mention de M. Kazimirski de Biberstein, d'origine polonaise, mais naturalisé Français et attaché au ministère des affaires étrangères; lui aussi il avait appris l'arabe au cours de M. de Sacy. On doit à M. Kazimirski un *Dictionnaire arabe-français, contenant toutes les racines de la langue arabe, leurs dérivés tant dans l'idiome vulgaire que dans l'idiome littéral, ainsi que les dialectes d'Alger et de Maroc, avec un vocabulaire de marine et d'art militaire*, 1846-1851, deux gros volumes in-8°. Déjà nous possédions un dictionnaire français-arabe composé par un Égyptien (Ellious-Bocthor) qui, ayant pris parti pour la France lors de l'expédition d'Égypte, accompagna notre armée à son retour en France; dictionnaire revu et augmenté par M. Caussin de Perceval, 1848, grand in-8°. Ces deux dictionnaires se complètent l'un l'autre. Jusqu'à présent les Français qui s'adonnent à l'étude de l'arabe littéral n'avaient à leur disposition que des dictionnaires où les mots sont expliqués en latin. Il y a des personnes qui n'ont pas fait d'études classiques, et c'est pour ces personnes que les dictionnaires dont nous venons de parler sont indispensables. D'ailleurs il existe dans les langues modernes orientales et occidentales des termes qui n'ont pas d'équivalent dans le latin; en pareil cas l'usage du français peut être d'une grande utilité.

Depuis environ cent ans il n'y a pas dans la littérature arabe de nom plus souvent cité en Europe que celui de Massoudi. Massoudi naquit à Baghdad dans la dernière moitié du ixe siècle; passionné pour les voyages, il visita successivement la Perse et l'Inde, les côtes de l'Afrique orientale et l'Afrique jusqu'à l'océan Atlantique. Du côté du Nord, il s'avança jusqu'à la mer Caspienne et jusqu'au pied du Caucase. Il se comparait lui-même au soleil à qui rien n'échappe dans son cours. Massoudi a beaucoup écrit. Le principal de ceux de ses ouvrages qui nous sont parvenus est intitulé *Moroudj al dzeheb* ou *les Prairies d'or*. Il a été souvent mis à contribution par S. de Sacy, Quatremère et M. Reinaud. La Société asiatique, ayant jugé que la science actuelle ne pouvait plus se passer d'un pareil dépôt de renseignements, en confia la publication à deux élèves de M. Reinaud, MM. Barbier de Meynard et Pavet de Courteille. Le texte est reproduit avec une traduction française et des notes; le tout formera huit volumes in-8°; quatre volumes ont paru.

M. Barbier de Meynard a publié en son particulier : 1° un *Dictionnaire géographique, historique et littéraire de la Perse et des contrées adjacentes*, 1861, gros in-8°. Ce dictionnaire est extrait du *grand dictionnaire géographique arabe* de Yacout, dont on vient de commencer une édition à Göttingue. L'auteur le complète à l'aide de documents arabes et persans, pour la plupart inédits. 2° Une édition et une traduction annotée du *Livre des routes et des provinces*, par Ibn-Khordadbeh, qui florissait dans la dernière moitié du ixe siècle. Ibn-Khordadbeh remplissait, sous l'autorité des Khalifes de Baghdad, les fonctions de Directeur des postes d'une grande province; il écrivait à une époque où la littérature arabe était pauvre en livres de géographie, et il parlait de pays qu'il était à même de bien connaître; aussi ce traité, bien que court, a-t-il de l'importance.

La Société asiatique, qui ne néglige rien de ce qui peut contribuer au progrès des études orientales, a aussi publié une relation de voyages qui ont eu un théâtre encore plus vaste que ceux de Massoudi. Il s'agit des *Voyages d'Ibn-Batoutah*, texte arabe accompagné d'une traduction par MM. Defrémery et Sanguinetti, élèves de M. Reinaud, quatre volumes in-8°, 1853-1858. Ibn-Batoutah florissait au milieu du xive siècle, et ses yeux purent contempler presque tout l'ancien monde, depuis l'océan Atlantique jusqu'à la Chine, depuis l'île de Ceylan jusqu'au Volga, et, comme on n'avait pas encore appris à faire le tour de l'Afrique, tous ces voyages eurent lieu par terre.

Parmi les nombreuses publications de M. E. Renan, lui aussi élève de M. Reinaud, il en est une qui rentre dans le cadre de cette notice; c'est un traité historique intitulé *Averroès et l'Averroïsme*, 2e édition, 1861, in-8°. Originaire d'Espagne et né vers le milieu du xie siècle, Averroès se fit un grand nom par ses connaissances philosophiques et théologiques. La hardiesse de ses opinions fit d'abord rechercher ses écrits par ses compatriotes, puis, à la suite d'une réaction religieuse, les fit négliger; mais ces opinions avaient pénétré en Europe parmi les juifs et les chrétiens, et elles servirent pendant longtemps de texte aux discussions des maîtres de la science. Elles se maintinrent d'une manière plus ou moins intacte dans l'enseignement de l'Université de Padoue jusqu'au dernier siècle. La mémoire d'Averroès méritait d'être tirée de l'oubli, et M. Renan l'en a tirée avec éclat par son savant et ingénieux travail originairement présenté à la Faculté des lettres de Paris.

On sait que les Musulmans se partagent en deux sectes principales, les Sunnites et les Schyytes. Les doctrines des Sunnites, qui sont professées dans tout l'empire ottoman et en Afrique, sont celles qui nous intéressent le plus; aussi elles ont été l'objet de nombreuses publications: mais ces doctrines varient dans les détails suivant les pays. En Afrique on professe les doctrines de l'imam Malek, et, depuis que nous sommes maîtres de l'Algérie, elles ont un intérêt particulier pour la France, à cause des rapports quotidiens des Français avec les indigènes. Or, ces doctrines n'avaient pas encore été exposées en français. Le ministère de la guerre a fait imprimer, sous la direction de M. Reinaud, le traité le plus estimé des indigènes, lequel a pour auteur Sidi-Khalil; antérieurement il en avait fait exécuter une traduction par M. le docteur Perron, élève de M. Caussin de Perceval et ancien directeur de l'École de médecine du Caire, 1848-1852, six volumes in-8°. M. Perron a fait entrer dans sa traduction ce qu'il a trouvé de meilleur dans les commentaires indigènes. Le titre est : *Précis de jurisprudence musulmane ou principes de la législation musulmane civile et religieuse selon le rite malékite.*

De plus, M. Perron a publié, aux frais du ministère de l'agriculture et du commerce, un *traité d'hippologie et d'hippiatrie*, composé en Égypte dans la première moitié du xiv° siècle, à une époque où le cheval était dans ce pays l'objet des soins les plus éclairés; 1852-1860, trois volumes in-8°. L'auteur se nomme Abou-Bekr-Ibn-Bedr, et le titre est *al-Naceri*, du nom du sultan Malek-Nacer, sous les auspices duquel le livre fut composé.

On doit encore à M. Perron une traduction d'un *Voyage au Darfour, dans le Soudan oriental,* par le Scheykh Mohammed el-Tounsy, 1845, in-8°.

Enfin M. Perron a publié en 1858 un volume intitulé *Femmes arabes avant et depuis l'islamisme*, in-8°. L'objet de M. Perron a été de faire connaître d'après les témoignages indigènes, principalement d'après les anciennes poésies arabes, quel a été jadis le rôle de la femme en Arabie, rôle alors plus grand qu'il ne l'est aujourd'hui.

Le nom des Guys s'est toujours, depuis plus d'un siècle, fait remarquer parmi les agents consulaires de la France en Orient. Ce nom est aujourd'hui représenté par M. Henri Guys, ancien consul de France à Beyrout et ailleurs. Nous avons à signaler, parmi les publications de M. Guys, deux volumes publiés en 1863 et intitulés : 1° *Théogonie des Druses ou abrégé de leur système religieux*, texte arabe, traduction française et notes. 2° *La nation druse, son histoire, ses mœurs et son état politique*, in-8°; c'est une espèce de supplément à l'*Exposé de la religion druse*, par Silvestre de Sacy.

En 1853, M. Alphonse Rousseau, fils de l'ancien consul général de France à Baghdad, publia une traduction du *Voyage du Scheykh el-Tidjani dans la régence de Tunis*, dans la première partie du XIVᵉ siècle; in-8°. Cette relation renferme des détails curieux sur l'état littéraire et politique de la contrée à cette époque. M. Rousseau était alors drogman de France sur les côtes d'Afrique; il remplit aujourd'hui les fonctions de consul en Bosnie, et il a publié à Alger un volume in-8° intitulé : *Annales tunisiennes ou aperçus historiques sur la régence de Tunis, depuis le commencement du XVIᵉ siècle jusqu'à la prise d'Alger par les Français en 1830*. Pour cet ouvrage l'auteur a rapproché les récits arabes des récits français, italiens, espagnols, etc. De plus, il a puisé dans les archives des consulats européens de Tunis et d'Alger.

M. Gustave Dugat, élève de M. Reinaud et de M. Caussin de Perceval, a fait dans ces dernières années plusieurs publications. Menant de front l'étude de l'arabe littéral et celle de l'arabe vulgaire, il a pris une part considérable à l'impression d'une compilation sur l'Espagne musulmane, rédigée dans la première moitié du XVIIᵉ siècle, par Maccary. Cet écrivain, qui était né aux environs d'Oran et qui mourut en Syrie, passa une partie de sa vie à recueillir les livres qui se rapportent à la domination des Arabes en Espagne, livres dont plusieurs ne nous sont pas parvenus. On en trouve de longs extraits dans un ouvrage qu'il intitula : *Le parfum qui s'exhale du rameau frais de l'Espagne*. Le livre se compose de deux parties, dont la première consiste dans un choix d'extraits relatifs à l'histoire de l'Espagne et surtout à la littérature maure-espagnole, depuis la première arrivée des Arabes, au commencement du

VIII͏ᵉ siècle, jusqu'à la prise de Grenade par Ferdinand le Catholique, vers la fin du XVᵉ. La deuxième partie est une histoire particulière d'un vizir de Grenade nommé Lisan-Eddin, qui florissait dans la dernière moitié du XIVᵉ siècle, accompagnée de pièces de vers, de notices biographiques, etc. La première partie à été publiée à Leyde avec une introduction et des index par MM. Reinhard Dozy, Gustave Dugat, Ludolph Krehl et William Wright, deux volumes in-4°. Plus tard la première et la deuxième partie ont été imprimées au Caire.

M. Gustave Dugat a publié, en son particulier, la traduction d'un écrit de l'émir Abd-el-Kader, intitulé *Rappel à l'intelligent et avis à l'indifférent*, 1858, in-8°. C'est une suite de considérations philosophiques, religieuses et historiques, qui acquièrent une nouvelle importance du nom de l'auteur. Le manuscrit fut adressé de Damas à M. Reinaud, qui en donna une notice dans le *Moniteur Universel*, et qui le déposa ensuite à la Bibliothèque impériale.

Enfin M. Dugat n'a pas cessé de s'intéresser à la propagation de l'instruction parmi les populations de l'Algérie; il a même mis au jour, conjointement avec un chrétien fort habile du mont Liban, un traité de grammaire rédigé en arabe, dont le but est d'initier les Algériens et les Arabes des autres pays à la connaissance et à l'usage de la langue française.

Un but semblable a dirigé un Arabe instruit de Tunis, M. Soleïman-al-Haraïri, quand il a fait imprimer une traduction arabe de la grammaire française de Lhomond. Ce n'est pas le seul essai de ce genre qu'ait fait M. Soleïman.

Le commencement de ce siècle vit paraître à Madrid le texte du *Traité arabe d'agriculture* d'Ibn-al-Aouam, accompagné d'une traduction espagnole, deux volumes in-folio. Ibn-al-Aouam était un savant d'Espagne dans la première moitié du XIIᵉ siècle. Familier avec les procédés de l'agriculture dans un pays où elle avait fait de grands progrès, il profita du privilége de sa naissance pour mettre à contribution les écrits des Arabes, notamment le Traité de l'agriculture nabatéenne, pour les temps où la Chaldée et la vallée inférieure du Tigre et de l'Euphrate étaient sous l'autorité des rois de Babylone. En même temps, vivant à une époque où les chrétiens d'Espagne et les Maures étaient dans des rapports intimes, il lui fut facile de profiter des détails qui nous ont été fournis par Pline le Naturaliste, Columelle, Varron, Virgile, etc. M. Clément Mullet, élève de M. Reinaud et qui est à la fois orientaliste, minéralogiste, botaniste, a soumis le texte arabe à un nouvel examen, et il en a publié une traduction française en deux volumes in-8°. Cet ouvrage a obtenu une mention très-honorable de la Société impériale d'agriculture de Paris. Le titre est *Livre d'Agriculture*. Cette publication sera-t-elle utile aux agriculteurs de l'Algérie, pays qui a beaucoup d'analogie pour le climat et la culture avec l'Espagne? C'est peut-être une question.

Il a été parlé de la part que M. Sanguinetti, Italien de naissance, mais établi en France, a prise à la publication des *Voyages d'Ibn-Batoutah*. M. Sanguinetti n'est pas seulement un habile arabisant; il a étudié la médecine et a profité de ses connaissances à cet égard pour éclaircir certaines époques de la médecine arabe. Le dernier écrit que M. Sanguinetti ait publié sur ces matières est un morceau de 132 pages, qui a paru dans le Journal asiatique sous le titre: *Quelques chapitres de médecine et de thérapeutique arabe*, texte, traduction, etc. 1865 et 1866. En ce moment M. Sanguinetti a en préparation le texte complet de la grande histoire des médecins arabes, par Ibn-Abi-Ossaybia, ouvrage dont il a déjà publié plusieurs fragments.

Un autre élève de M. Reinaud, M. Belin, élève de M. Marcel et de M. de Sacy, est auteur de plusieurs morceaux intéressants. M. Belin a résidé quelque temps au Caire comme drogman du consulat général de France; aujourd'hui il est secrétaire interprète de l'ambassade française à Constantinople. Il manie également l'arabe, le turc et le persan; de plus il a l'avantage de trouver sur place des renseignements qu'on chercherait vainement ailleurs.

Nous citerons parmi ses publications : 1° *Étude sur la propriété foncière en pays musulman et spécialement en Turquie*, 1862, 248 pages; 2° *Essai sur l'histoire économique de la Turquie (les finances, les variations de la monnaie, etc.) d'après les écrivains originaux*, 1865, 314 pages; 3° *De l'instruction publique et du mouvement intellectuel en Orient*, 1866, grand in-8°, 45 pages. Naturellement les documents arabes n'ont pas été inutiles à M. Belin.

Les mathématiques arabes pures et appliquées n'ont pas été seulement cultivées en France par MM. Sédillot père et fils; elles formaient la spécialité d'un jeune Allemand établi à Paris, M. Woepcke, mort prématurément. On doit à M. Woepcke, entre autres morceaux : 1° *l'Algèbre d'Omar-al-Khayyamy*, texte et traduction française, 1851, grand in-8°. Omar florissait dans la dernière moitié du xie siècle et dirigeait l'observatoire fondé à Ispahan par le sultan Malek-Schah; ce fut lui qui présida à la réforme du calendrier persan et qui établit un calendrier arabe plus parfait que notre calendrier grégorien actuel; 2° *Mémoire sur la propagation des chiffres indiens*, 196 pages. Tout le monde connaît l'usage des chiffres, tout le monde apprécie les avantages du système usité maintenant; mais combien cet usage a rencontré de difficultés et par combien d'essais il a dû passer! M. Woepcke, qui depuis longtemps s'occupait de la question, a cherché à en décrire la marche jusqu'au point où nous la voyons maintenant. Cependant il reste encore certains points à déterminer.

D'un autre côté un interprète de l'armée française en Algérie, M. Pilard, a récemment fait imprimer à l'Imprimerie impériale un traité arabe d'arithmétique à l'usage des indigènes. On sait que notre système actuel de numération n'est pas le même que celui des Grecs et des Romains, et que l'un et l'autre diffèrent du système suivi au moyen âge. M. Pilard a voulu mettre les indigènes d'Afrique au courant de nos procédés de calcul; ils possèdent la même notation que nous.

En troisième lieu, M. Aristide Marre a publié à Rome, sous les auspices de M. le prince Buoncompagni, un traité arabe d'arithmétique intitulé *al-talkhys* ou *le résumé*, et composé au xiiie siècle par un savant de Maroc, connu sous le nom de Ibn-al-Banna, avec les calculs arithmétiques ramenés à nos formules algébriques. M. Marre a également fait imprimer une nouvelle édition de sa traduction française du traité d'arithmétique intitulé *Kholasat-al-hissab*, ou *la quintessence du calcul*. Enfin il vient de publier à Rome sa traduction de la portion du *Traité d'algèbre* de Mohammed-ben-moussa-al-Kharezmi qui roule sur la géométrie. On sait que Mohammed-al-Kharezmi, qui vivait dans la première moitié du ixe siècle, est celui dont les écrits ont introduit la connaissance de l'algèbre dans l'Occident musulman et chrétien.

M. Pihan, ancien prote de la typographie orientale à l'Imprimerie impériale, ne s'est pas contenté d'appliquer son expérience dans les formes des caractères et les procédés de la typographie aux impressions qui se font pour les indigènes de l'Afrique; il a publié divers écrits, notamment un *Dictionnaire étymologique des mots de la langue française dérivés de l'arabe, du persan ou du turc, avec leurs analogues grecs, latins, espagnols, portugais et italiens*, 1866, in-8°. Déjà il existait des recueils analogues, M. Pihan en a profité; mais il a fait mainte addition à ce qui avait été publié avant lui.

M. l'abbé Bargès, professeur d'hébreu à la Sorbonne, est en même temps arabisant. On lui doit, entre autres ouvrages, un volume in-8° intitulé : *Tlemcen, ancienne capitale du royaume de ce nom, sa topographie, son histoire*, etc. 1859, in-8°.

D'un autre côté, M. Beaumier, vice-consul de France au Maroc, a fait imprimer une traduction de l'*Histoire des souverains de l'Afrique septentrionale* qui porte le titre de *Kartas;* 1860, in-8°.

Ainsi qu'on devait s'y attendre, notre occupation de l'Algérie a fait naître une foule de livres élémentaires arabes. Parmi ces livres nous citerons : 1° *Des dialogues arabes et une suite d'anecdotes musulmanes*, texte et traduction par M. Cherbonneau, élève de MM. Reinaud et Caussin de Perceval, ancien professeur d'arabe à Constantine, aujourd'hui directeur du collége arabe-français à Alger; 2° *Un cours d'arabe vulgaire*, par M. Gorguos, professeur de langue arabe du lycée d'Alger, 1849, deux volumes in-12; 3° *Les principes de l'idiome arabe en usage à Alger*, par M. Honorat Delaporte, fils de l'ancien interprète de l'armée d'Égypte.

Nous aurions voulu parler de la traduction du roman d'*Antar*, par M. Devic, élève de M. Caussin de Perceval et de M. Reinaud. On sait que ce roman, qui paraît avoir été composé en Syrie, au XIIe siècle, mais à l'aide de documents anciens, est un tableau très-animé et en général vrai des mœurs des Arabes antérieurement à Mahomet. C'est un livre populaire chez les Arabes d'Égypte, de Syrie et de Mésopotamie. Il n'aurait pas manqué de réussir chez nous; malheureusement le traducteur s'est arrêté au premier volume; M. Dugat, nous en avons l'espoir fondé, y suppléera.

Nous terminerons ce tableau par quelques mots sur deux sujets qui se rapportent à notre pays et qui ont été trop longtemps négligés.

En 1836, comme il a été dit plus haut, M. Reinaud avait publié ses *Invasions des Sarrasins en France, et de France en Savoie, en Piémont et dans la Suisse, aux VIIIe, IXe et Xe siècles de notre ère, d'après les auteurs chrétiens et mahométans*. Une grande partie des faits racontés dans ce livre étaient alors nouveaux, et encore à présent plusieurs de ces faits ne se trouvent que là. Depuis ce moment il a paru de temps en temps, dans les départements de la France et dans les contrées voisines, des écrits sur ce même sujet.

Il résulte de l'ensemble des témoignages historiques chrétiens du Xe siècle de notre ère, qu'à cette époque la ville de Grenoble et le Graisivaudan furent occupés par une *nation païenne*, et que l'évêque de Grenoble se retira, pour un grand nombre d'années, dans le prieuré de Saint-Donat, au nord de l'Isère, aux environs de Tain et de Romans. Il sembla à M. Reinaud que la *nation païenne* en question ne pouvait être que les Arabes, et comme, dans une brochure publiée en 1812 à Valence, par un curé des environs, il était parlé d'une inscription latine gravée sur les murs du prieuré, dans laquelle se trouvait le terme *Maures*, il n'hésita pas à regarder la question comme tranchée ; mais en 1860 M. Alfred de Terrebasse, ancien député au Corps législatif, du département de l'Isère, a publié à Vienne une brochure intitulée *Examen critique de l'inscription de Saint-Donat*, et dans cette brochure il accuse le curé d'avoir falsifié l'inscription. Pendant ce temps un professeur du lycée de Grenoble, M. Révillout, était, après beaucoup d'autres, à la recherche des traces des Sarrasins dans le Dauphiné. Bien que non entièrement convaincu par les arguments de M. de Terrebasse, il a cru devoir laisser de côté l'inscription de Saint-Donat ; mais en même temps, après avoir soumis les témoignages historiques à un nouvel examen, il a soutenu avec M. Reinaud que les Sarrasins seuls pouvaient répondre à la *nation païenne* en question. Telles sont les conclusions de la brochure qu'il a publiée à Grenoble sous le titre de : *Dissertation sur l'occupation de Grenoble au xe siècle par une nation païenne.*

Le second point dont il nous reste à parler a trait aux étoffes orientales que l'on conserve dans nos églises et nos musées. A une certaine époque les sciences et les arts étaient plus avancés chez les Arabes que chez nous, notamment pour les étoffes et les tissus en général. Il existait alors des fabriques renommées à Cordoue, à Palerme, en Égypte et ailleurs, et nos pères, quand ils voulaient donner plus de splendeur aux cérémonies du culte et aux fêtes publiques, allaient acheter des étoffes chez les musulmans, comme aujourd'hui les musulmans viennent acheter des étoffes chez nous. L'origine de ces étoffes se reconnaît ordinairement aux inscriptions arabes marquées sur la bordure. La supériorité de l'art arabe était si bien constatée qu'il s'établit dans les pays chrétiens des fabriques semblables où l'on reproduisait jusqu'aux inscriptions arabes. Telle est l'origine du mot *arabesque*, qui, à partir de Raphaël, a reçu une autre signification. Un grand nombre de ces étoffes se trouvent encore dans nos églises, où elles servent à envelopper les reliques des saints, ou bien forment des vêtements sacerdotaux. Dans quelques églises on a conservé un vague souvenir de l'origine de ces étoffes; mais dans d'autres la tradition s'en est entièrement perdue, et l'opinion s'est d'autant plus facilement égarée que souvent aux étoffes orientales sont mêlées des étoffes byzantines. Tel est le cas d'une étoffe d'Apt, dans le département de Vaucluse, qui a été fabriquée en Égypte vers les premières années du xie siècle, et qui probablement est un trophée de la dernière croisade. Comme elle aurait servi dans l'origine, suivant la tradition, à envelopper le corps de sainte Anne, mère de la sainte Vierge, qui est l'objet d'une vénération particulière dans le pays, on finit par croire que c'était le suaire même dans lequel la sainte avait été ensevelie. M. Reinaud a signalé ce genre d'erreur en 1855, dans un rapport lu à l'Académie des inscriptions, au sujet d'une étoffe arabe de Chinon, département d'Indre-et-Loire, qui a été disposée en forme de chape, et qui est mentionnée par Rabelais. On l'appelle dans le pays *chape de saint Mesme*, du nom d'un saint qui vivait au ve siècle et à qui on supposait que cette étoffe, qui est nécessairement postérieure au ixe siècle, avait servi de vêtement sacerdotal.

Depuis 1860 un ancien militaire, M. Ch. de Linas, qui s'était fait connaître par le dessin de diverses étoffes, notamment d'une étoffe arabe de l'église de Saint-Sernin à Toulouse, a entrepris un recueil spécial d'étoffes byzantines et arabes, sous ce titre: *Anciens vêtements sacerdotaux et anciens tissus conservés en France.*

Tel est, sauf les épisodes que l'on a cru pouvoir se permettre, l'aperçu des travaux exécutés en France sur la langue et la littérature arabes dans ces trente dernières années. Il en ressort avec évidence que, depuis le mouvement fécond imprimé par le maître des maîtres, Silvestre de Sacy, au commencement de ce siècle, les études arabes sont devenues chez nous un besoin de la science comme de la politique, et un instrument précieux pour l'histoire aussi bien que pour la philologie.

APPENDICE

SUR

LA LITTÉRATURE PERSANE.

APPENDICE

SUR

LA LITTÉRATURE PERSANE.

Les progrès de la littérature persane en France durant ces trente dernières années ont été dus surtout à l'exemple et à l'enseignement de deux savants orientalistes, dont l'un a le premier professé la langue persane au Collége de France, et l'autre a donné à la chaire qui existait plus anciennement à l'École spéciale des langues orientales un éclat dont elle avait manqué sous ses deux prédécesseurs, Langlès et Chézy. Silvestre de Sacy et Étienne Quatremère ont enseigné, le premier pendant près de trente-deux ans (de 1806 à 1838), le second pendant vingt-cinq ans (de 1832 à 1857), et durant cette longue période ils ont compté parmi leurs auditeurs la plupart des savants qui se sont voués à la culture des lettres persanes, tant en France que dans le reste du continent. Les travaux du premier n'appartiennent pas à la période qui nous occupe; ceux du second, au contraire, ont été publiés dans l'intervalle compris entre 1836 et 1857. A la tête de ces publications, par sa date comme par son importance, il convient de placer le superbe volume qui inaugura la *Collection orientale*, éditée par ordre du Gouvernement à l'Imprimerie royale. On ne pouvait choisir un ouvrage plus propre à donner une idée avantageuse de la littérature historique de la Perse, que la grande compilation rédigée au commencement du XIVe siècle, par un savant médecin et homme d'État, le vizir Rachid-Eddin. Dans ce vaste ouvrage, dont nous ne possédons en France que la dernière partie, Étienne Quatremère avait choisi l'histoire des Mongols de la Perse, ou de la dynastie ilkhanienne. Le seul volume qu'il ait publié est occupé par le règne de Holagou, fondateur de la puissance mongole en Perse. Au texte de son auteur il a joint, outre une traduction, une biographie détaillée de Rachid-Eddin et un commentaire philologique et géographique, où il a étalé avec un luxe parfois fastueux et déplacé les trésors de son immense érudition. Il est à regretter, pour l'honneur des lettres françaises, que cette belle publication soit demeurée interrompue. On doit encore à Étienne Quatremère une notice très-étendue, accompagnée d'extraits, de l'histoire des successeurs de Tamerlan, écrite dans la seconde moitié du xve siècle, par Abd-errezzak de Samarcande. Ce travail remplit toute la partie orientale du XIVe volume du recueil des *Notices et Extraits des manuscrits*, où Silvestre de Sacy et un de ses meilleurs élèves, Am. Jourdain, avaient précédemment inséré de précieux morceaux de littérature persane.

Un des plus anciens élèves de M. de Sacy, M. Garcin de Tassy, a publié le texte et une traduction française d'un poëme mystique, le *Manthik Atthayr*, ou *Langage des oiseaux*, par Férid Eddin Attar, auteur de la fin du xiie siècle, auparavant connu des orientalistes européens par son *Pend-Nameh*, ou *Livre des Conseils*, mis au jour, traduit et commenté par l'illustre fondateur des études arabes et persanes en France.

La publication du *Chah-Nameh*, ou *Livre des rois*, de Ferdoussi, a été entreprise aux frais du gouvernement français, par M. Jules Mohl, qui a joint au texte de cet immense poëme une traduction française. Cinq volumes de ce recueil versifié des traditions nationales de la Perse ont paru depuis 1838, et le sixième est sous presse. M. Mohl a publié aussi dans le *Journal de la Société asiatique de Paris* des extraits du *Modjmel Attéwarikh*, ou *Sommaire des histoires*, curieux ouvrage composé avant le milieu du xiie siècle, et que M. Quatremère avait commencé à faire connaître par une notice insérée au même recueil.

Le *Journal asiatique* contient encore de nombreux articles d'histoire, de critique et de littérature persanes, dus à MM. Garcin de Tassy, Charmoy, Nicolas de Khanikof, Defrémery et Barbier de Meynard. On peut citer, parmi ces morceaux, des extraits des historiens Mirkhond, Khondémir, Hamd-Allah Mustaufi et le vizir Ala-Eddin Ata-Mélic Djoueïni, et des fragments d'une chronique de la ville de Hérat. Au nombre des dynasties dont l'histoire a retiré de ces travaux les plus nombreux éclaircissements, figurent les Seldjoukides de la Perse, les Ghourides de l'Afghanistan et les Ismaéliens ou Assassins, dont le chef est connu en Occident sous le titre de Vieux de la Montagne. La géographie de la Perse a profité aussi des travaux de MM. Defrémery et Barbier de Meynard. Le premier de ces orientalistes a publié, en dehors du *Journal asiatique*, deux portions du grand ouvrage de Mirkhond, l'une dans l'original seulement, l'autre avec une traduction et des notes nombreuses. Ces deux morceaux, qui ont paru en 1842 et en 1845, ont pour objet, le premier les sultans de Kharezm, le second la dynastie des Samanides. En outre, M. Defrémery a mis au jour, en 1858, une traduction complète du célèbre ouvrage de Sadi intitulé *Gulistan*, ou *Parterre de roses*. Il a rédigé cette traduction sur les meilleurs textes, tant imprimés que manuscrits, y a joint des notes historiques, géographiques et littéraires, et une vie de l'auteur, écrite en grande partie d'après les ouvrages mêmes de Sadi.

Feu Amédée Jaubert, aidé d'un de ses élèves, M. Alph. Belin, a publié dans les *Chrestomathies orientales*, imprimées aux frais de l'École des langues orientales vivantes, le texte de deux parties importantes de la chronique de Mirkhond, la vie de Djenguiz-Khan et l'histoire des Sassanides. On sait qu'une traduction de ce dernier chapitre du chroniqueur persan, travail de la jeunesse de M. de Sacy, a été publiée en 1793, à la suite des beaux *Mémoires sur diverses antiquités de la Perse*.

Enfin, la grammaire persane a été l'objet d'un travail de M. Alexandre Chodzko, publié en 1852; et la lexicographie doit beaucoup aux recherches d'Ét. Quatremère, dont les résultats sont demeurés en grande partie manuscrits et ont été enrichir la Bibliothèque royale de Munich.

EXPOSÉ DES PROGRÈS RÉCENTS

ET DE L'ÉTAT ACTUEL

DES ÉTUDES ARMÉNIENNES

EN FRANCE.

EXPOSÉ DES PROGRÈS RÉCENTS

ET DE L'ÉTAT ACTUEL

DES ÉTUDES ARMÉNIENNES

EN FRANCE.

Les études arméniennes tendent à prendre dans le cercle de plus en plus agrandi de l'érudition orientale la place considérable et importante qui leur appartient. Elles ouvrent aux sciences historiques et philologiques une mine riche et féconde, où les découvertes déjà faites permettent de pressentir celles que nous réserve l'avenir.

La littérature arménienne, telle que nous la présentent les monuments dont elle s'est enrichie dans sa première période, se développa sous l'influence du christianisme, en s'imprégnant d'idées helléniques qui vinrent se mêler à un vieux fonds de doctrines orientales. Elle procède beaucoup plus de l'esprit scientifique et réaliste que de l'imagination; aussi a-t-elle donné naissance à une multitude d'historiens et de chroniqueurs, qui se succèdent de siècle en siècle, véritable *chaîne d'or*, dont les premiers anneaux sont soudés au IVe siècle, et qui se prolonge pendant toute la durée du moyen âge et se continue jusqu'à nos jours [1]. Pour l'exégèse et la

---

[1] L'*Histoire d'Arménie* de P. Michel Tchamitch, religieux de la congrégation des Mékhitaristes de Venise, a paru en trois gros volumes in-4°, à Venise, en 1784-1786. Le P. Phakĕdjian, moine de l'ordre des Mĕkhitaristes de Vienne, en Autriche, a publié dans cette dernière ville, il y a quelques années, une *Histoire universelle* en trois volumes grand in-8°. Nous pourrions encore citer, parmi les

théologie, cette littérature n'est pas moins précieuse; plus qu'aucune autre, elle abonde en compositions de ce genre. Lorsqu'elle cesse d'être originale pour se parer de richesses étrangères, elle a le mérite de savoir se les approprier et celui de les reproduire sous la forme la plus fidèle.

Dans une haute antiquité, lorsque l'Arménie était unie par des liens pratiques très-étroits, par des croyances religieuses et une civilisation communes, à l'empire perse, et formait une partie intégrante du groupe des nations iraniennes, elle possédait une culture littéraire dont le souvenir, quoique bien obscur aujourd'hui, n'est pas cependant tout à fait effacé. Toutes les productions que cette culture enfanta furent anéanties par le zèle exagéré et malheureux, mais peut-être nécessaire, des apôtres qui vinrent répandre dans ce pays les semences de la foi chrétienne; mais l'existence de ce primitif développement intellectuel est mise hors de doute par la perfection de la langue qu'ont employée les écrivains les plus anciens parmi ceux qui nous sont parvenus, et qui suppose une longue élaboration antérieure, par des fragments de poésie dont plusieurs sont d'une incomparable beauté, par des traditions et des légendes qui ont échappé à cette destruction générale.

Convertis à la foi de l'Évangile dans le commencement du IVe siècle et instruits par les docteurs de la savante école de Césarée en Cappadoce, les Arméniens s'éprirent d'un amour passionné pour la langue de leurs instituteurs religieux et pour ses chefs-d'œuvre immortels. Ils accouraient, entraînés par une studieuse ardeur, dans les écoles les plus célèbres : à Alexandrie, à Athènes, à Constantinople et à Rome; ils y apprirent l'art que ne connut jamais aussi bien qu'eux aucune des nations orientales, l'art de bien dire et de bien écrire, la discipline de la pensée, les délicatesses du style et le sentiment du beau. Leur idiome se prêtait admirablement à l'i-

---

compositions historiques contemporaines que les Arméniens continuent à mettre au jour, l'Histoire abrégée d'Arménie du P. Phakĕdjian, de Vienne, un vol. in-12, Vienne.

mitation et à la traduction de ces grands modèles : car l'arménien, comme le grec, est un des rameaux les plus vigoureux, les mieux constitués de la souche indo-européenne; il rivalise avec le grec par la flexibilité et la variété de la structure phraséologique, l'abondance des expressions et la faculté illimitée de créer des dérivés et des composés.

Nous devons à ce culte des lettres grecques, si florissant chez les Arméniens, les nombreuses versions faites au IVe et au Ve siècle sur des manuscrits préservés encore des altérations dont la main des copistes les a souillés dans le cours des âges, et la conservation de quantité d'auteurs dont le texte original est maintenant perdu. Il suffira de citer ici la Chronique d'Eusèbe, retrouvée à Jérusalem, et conservée aujourd'hui dans la bibliothèque du Séminaire arménien de Constantinople[1], et une portion notable des traités de Philon[2]. Le catalogue de la bibliothèque du couvent patriarcal d'Édchmiadzin, dans la Grande-Arménie, paru depuis peu[3], vient de nous apprendre que ce riche dépôt renferme encore d'autres trésors du même genre, et nous autorise à croire qu'une visite faite dans ce couvent et dans les monastères encore inexplorés de l'Arménie amènerait de nouvelles découvertes, peut-être celle d'un Diodore de Sicile complet, que nous savons avoir été traduit au Ve siècle[4].

---

[1] Publiée deux fois et dans la même année, sous le titre de :

Eusebii Pamphili Cæsariensis episcopi chronicon tripartitum græco-armeno-latinum, opera J. Aucher Ancyrani. Venetiis, 1818, 2 vol. in-4°.

Eusebii Cæsariensis et Samuelis presbyteri Aniensis chronica, Angelus Maius et Johannes Zohrabius ediderunt, Mediolani, 1818, in-4°.

[2] *Philonis Hebræi paralipomena armena,* per J.-B. Aucher. 2 vol. in-4°. Venise, 1822-1826.

[3] In-4°, Tiflis, 1863.

[4] Parmi les textes anciens dont les Arméniens nous ont conservé la traduction, il ne faut pas oublier les fragments de la législation romaine antérieurs au code Théodosien, qu'a retrouvés un savant jurisconsulte, M. le sénateur Hubé de Saint-Pétersbourg, dans le code arménien compilé au XIIIe siècle par le docteur Mëkhithar Kosch, code dont quelques chapitres ont été publiés en russe, d'après une version géorgienne. Il serait bien désirable d'avoir une traduction complète de ce curieux monument du droit arménien, faite sur le texte original.

A peine introduit dans le domaine de la philologie comparée, l'arménien s'est révélé aux adeptes de cette science toute nouvelle comme un de ses plus puissants moyens d'investigation, comme l'un des plus antiques rameaux de la famille aryenne, contemporain de la formation du zend et du sanskrit védique. C'est ce que l'on peut inférer déjà des essais de MM. Windischmann, Bötticher (Paul de la Garde), Fr. Müller de Vienne, Spiegel, Justi, Bopp[1], et de ceux plus récents et plus complets de M. Patkanoff de St-Pétersbourg, ainsi que des leçons que M. Éd. Dulaurier fait sur ce sujet depuis deux ans à l'École des langues orientales de Paris. Transcrit d'abord, comme le zend, avec une des variétés du caractère syriaque; puis au ve siècle, et sans doute par une influence chrétienne, adapté à l'alphabet grec avec les modifications et les additions nécessaires, l'arménien s'offre depuis lors à nous sous cette dernière forme graphique qui peut être considérée comme relativement moderne. Grâce aux travaux déjà accomplis, cette couche superficielle a été entamée; la constitution archaïque de la langue, les lois de sa formation, sa corrélation avec les vieux dialectes iraniens, au groupe desquels elle se rattache étroitement, ont été constatées. Le jour viendra peut-être où, ramenée ainsi par induction à son état primitif, elle pourra servir de clef à tout un système d'inscriptions cunéiformes jusqu'ici indéchiffrables, et déjà son utilité pour l'élucidation des textes zends et pehlvis, si peu nombreux et encore si obscurs, n'est plus douteuse.

---

[1] M. Bopp, dans la 2e édition de sa Grammaire comparée, dont un jeune professeur de talent, M. Michel Bréal, imprime en ce moment une traduction à Paris, a introduit l'arménien dans le cycle des langues qui sont l'objet de ses investigations, et, à ce point de vue, il attribue avec raison une haute valeur à cet idiome. C'est de la part du savant linguiste allemand une intuition instinctive plutôt qu'une appréciation raisonnée, car maintes fois il se trahit, dans son livre, comme expérimenté dans la connaissance de la nomenclature et des règles grammaticales de l'arménien, et ce qui est incroyable, mais rigoureusement vrai, il a admis quelquefois, pour les besoins de la cause, des paradigmes imaginaires, et forgé les plus fâcheux barbarismes.

Pour mesurer le point où est parvenue l'étude de la littérature arménienne en France, dans ces dernières années, il est indispensable de partir de plus haut. Les premières tentatives des Européens pour acquérir la connaissance de la langue qui sert d'expression à cette littérature, datent de près de six siècles. Elles furent d'abord et exclusivement dirigées vers un but de propagande religieuse et dans l'intention de ramener un clergé dissident à l'unité avec l'Église latine. Le dominicain fra Bartolomeo de Bologne, envoyé en 1316 dans le Levant par le pape Jean XXII en qualité de missionnaire, vint fonder un couvent à Meraga, sur les confins de l'Arménie et de la Perse, et apprit l'idiome de ces deux pays. Les travaux de ce religieux et de ses auxiliaires et successeurs ne produisirent que des traductions de traités de théologie scolastique, alors en vogue en Occident, traductions que dépare un style barbare, et qui n'eurent d'autre résultat que d'engendrer des disputes stériles et des désordres au sein de la nation que l'on voulait attirer à l'unité. Pour trouver une continuation de l'apostolat de fra Bartolomeo, il nous faut franchir un intervalle de trois siècles et nous transporter au xviie, époque où Francesco Rivola, professeur de langues orientales au collège ambrosien de Milan, publia à Paris (1633) un dictionnaire arménien, simple ébauche dont l'exécution littéraire est aussi défectueuse que l'exécution typographique. Ce livre fut suivi de ceux du jésuite français Villotte, missionnaire en Orient, qui composa en arménien divers ouvrages d'instruction chrétienne ou de controverse religieuse, et un dictionnaire (1713) supérieur à celui de son devancier, mais où il a confondu sans discernement les mots usités dans les auteurs classiques et ceux employés par les écrivains de la décadence.

Un coup d'œil jeté en passant sur la petite colonie arménienne qui vint, vers cette époque, se fixer à Marseille et qui avait pour chef l'évêque Osgan, nous la montre établissant dans cette ville une presse d'où sortirent plusieurs ouvrages; mais ces publications ayant été dénoncées à Louis XIV comme contraires à l'orthodoxie catholique, le grand roi ordonna l'expulsion d'Osgan et de ses collaborateurs. Ils se réfugièrent dans un pays voisin, patrie de la tolérance et de la liberté politique et religieuse, en Hollande. C'est à Amsterdam qu'Osgan imprima l'édition *princeps* de Moïse de Khoren et celle de la Bible, avec des types dont la beauté n'a pas encore été surpassée, et en a consacré définitivement l'usage.

Sans nous arrêter à tous les arménistes des deux derniers siècles que la France peut revendiquer, soit parce qu'elle leur a donné le jour, soit parce qu'elle a été le théâtre où s'est exercée leur activité, nous passerons à l'abbé Villefroy, professeur d'hébreu au collége de France, le fondateur de l'école des capucins hébraïsants. On lui doit le catalogue raisonné des manuscrits arméniens de la Bibliothèque impériale, travail qui prouve avec quel soin et avec quelle intelligence des textes il avait lu les ouvrages qu'il passe en revue. Villefroy est le premier qui ait entrevu la valeur historique de la littérature arménienne, et ce ne fut pas sans profit que l'illustre Fréret, dans la discussion de l'une des questions chronologiques qui avaient été l'écueil de Scaliger et de Pétau, recourut à l'expérience philologique du docte abbé[1].

Réservées d'abord à servir d'auxiliaire pour la propagande religieuse ou l'exégèse biblique, les études arméniennes enfin sécularisées ne prirent rang dans l'enseignement public et officiel qu'en 1811, année où fut fondée une chaire spéciale à l'École des langues orientales vivantes, grâce à l'initiative empressée de Langlès, alors président de cette école. Celui qui fut pourvu de ces fonctions était un Arménien originaire d'Ourfa, l'ancienne Édesse, que les vicissitudes de la fortune avaient transplanté à Paris. M. Chahan de Cirbied (Dchahan Dchĕrbedian) se distinguait par une intelligence assez développée et active; il ne manquait pas d'instruction en ce qui touche l'histoire et la littérature de son pays; du reste, il était

---

[1] Mémoire sur l'année arménienne, dans le t. XII, p. 187, des OEuvres complètes de Fréret, édition de l'an IV (1796), et dans les Mémoires de l'Académie des inscriptions et belles-lettres, t. XIX, p. s.

dénué, comme la plupart des Orientaux, de l'esprit de critique dans le sens que nous autres Européens attachons à cette expression, et plus familiarisé avec la langue vulgaire de l'Arménie qu'avec l'idiome ancien et savant, qui est aux dialectes modernes ce que le latin est aux dialectes romans. Ces qualités et ces défauts sont empreints dans la volumineuse grammaire qu'il fit paraître en 1823, et où il a condensé avec peu de méthode les travaux des deux Pères Mëkhitaristes Michel Tchamitch et Gabriel Avédik'ian; mais dans l'absence de tout autre livre élémentaire de ce genre en France, celui-ci avait un caractère d'utilité relative qu'il serait injuste de méconnaître. Parmi les monuments de l'antiquité grecque que les Arméniens se sont appropriés, est la grammaire de Denys de Thrace, composée très-probablement à Rome, où l'auteur enseignait du temps de Pompée et de César. Cette version, accrue d'additions destinées à la mettre en harmonie avec la langue à laquelle on essayait de l'imposer, remonte au ve siècle. Cirbied découvrit dans deux manuscrits de la Bibliothèque impériale un fragment de cette version, plus étendu que le débris du texte original inséré par Fabricius dans le tome VII de sa *Bibliothèque grecque*, et en enrichit la collection des Mémoires de la Société des antiquaires de France, dont il était membre.

A côté de Cirbied et dans le même ordre d'études, mais avec une incontestable supériorité, se révéla un homme qui appartient, par le temps où il vécut, à la période de ces études antérieure à la nôtre, et en même temps à la période contemporaine par la publication récente de ses œuvres posthumes. Je veux parler de Saint-Martin, le premier qui ait fait entrer la littérature arménienne dans la voie large et féconde de ses applications historiques. Dans la physionomie scientifique du docte académicien, il faut distinguer deux traits tout à fait dissemblables : celui de l'instinct philologique ou de l'interprétation grammaticale des textes, très-faiblement dessiné, et le trait qui caractérise le polygraphe et l'érudit magnifiquement accentué. Jamais en effet une critique pénétrante et judicieuse ne mit plus habilement en œuvre les matériaux recueillis dans le cours d'une lecture immense et les réminiscences d'une puissante mémoire. Le livre par lequel il débuta (1818 et 1819), ses *Mémoires historiques et géographiques sur l'Arménie*, est une œuvre magistrale par l'ampleur et la sûreté de l'érudition, par une habileté consommée à confronter les sources arméniennes avec toutes les sources étrangères auxquelles l'auteur avait accès. Malgré quelques erreurs de détail et les progrès accomplis dans ces derniers temps, ce livre est resté et restera toujours comme un modèle à suivre et à consulter.

Le même mérite, et à un degré peut-être supérieur, recommande tout ce qui est sorti dans la suite de la plume de Saint-Martin : et ses notes sur les treize premiers volumes de son édition de l'*Histoire du Bas-Empire* de Lebeau, édition malheureusement interrompue par sa mort; et ses recherches sur l'histoire de la Mésène et de la Characène (1838); et son *Histoire des Arsacides*, dont les fragments rassemblés et mis en ordre par feu M. Lajard (1850) font amèrement regretter l'inexorable fatalité qui n'a pas permis à l'auteur d'achever son œuvre et de la produire lui-même au jour.

S'il est vrai que les natures même les mieux douées ne sauraient être complètes en tout et atteindre à une perfection absolue, la gloire de Saint-Martin ne peut être obscurcie par son infériorité, dont nous faisons ici l'aveu, dans les questions purement philologiques. Les textes qui composent le second volume de ses *Mémoires sur l'Arménie* laissent beaucoup à désirer pour la correction; ceux qui parurent quelques années plus tard [1] valent beaucoup mieux sans doute; mais cette amélioration est due à la coopération, que du reste il ne dissimule pas, d'un ancien Père mékhitariste,

---

[1] 1° *Choix de fables de Vartan* (1825); 2° *Élégie du patriarche saint Nersès le Gracieux sur la prise d'Édesse par les musulmans* (1829), et 3° *Privilége du roi Léon III accordé en 1288 à la république de Gênes*, et publié dans les Notices et extraits des manuscrits, t. XI, 1re partie, p. 97-112.

le docteur Zohrab, qui, après avoir quitté ses confrères de Venise, était venu se fixer à Paris.

Le nom de ce dernier est inscrit en tête d'une publication qui, en dehors du but religieux dans lequel elle fut conçue, n'est pas sans avoir un certain intérêt philologique : c'est le Nouveau Testament qu'il publia (1828) pour le compte de la Société biblique de Londres, en accompagnant le texte ancien du ve siècle d'une traduction dans le dialecte vulgaire des Arméniens de Turquie, ou dialecte occidental. Cette forme moderne de la langue, qui tend à s'épurer maintenant de tous les alliages de mauvais aloi qui s'y sont mêlés par l'introduction de mots étrangers, et turcs principalement, et à passer aujourd'hui à l'état d'idiome cultivé et littéraire, est très-utile à connaître, parce qu'elle nous offre, comme tous les dialectes populaires, une foule d'expressions et de particularités grammaticales que l'arménien ancien a rejetées ou perdues.

L'ordre chronologique, qui n'est pas toujours celui de l'amélioration et du progrès, amène devant nous un arméniste, Levaillant de Florival, qui a pour principal titre son long exercice du professorat dans la chaire où il avait succédé à Cirbied. La seule de ses productions dont il vaille la peine de parler est la traduction d'un auteur qui a mérité le surnom de Père de l'histoire arménienne, Moïse de Khoren, qui vivait au ve siècle. Cette version très-littérale, mais plate et délayée, est tout ce qu'on peut imaginer de plus opposé à l'original, chef-d'œuvre d'élégance, de concision et de vigueur, pour le style et la pensée. Mais ce n'est pas tout : les erreurs de sens y sont fréquentes, et l'on doit convenir qu'elles étaient difficiles à éviter dans les conditions où se trouvait Levaillant. Il faut en effet une somme d'érudition peu commune, et qu'il était loin de posséder, pour se prendre corps à corps avec le plus savant de tous les écrivains arméniens, et interpréter le livre où il a consigné et condensé des notions de provenance très-variée : les antiques traditions de l'Arménie et de la Perse, les vieux chants épiques et populaires de son pays, et les renseignements empruntés à des ouvrages grecs ou syriens dont plusieurs ne sont pas arrivés jusqu'à nous.

Dans la liste des arménistes français de cette époque figure avec distinction M. Eugène Boré, qui, encore très-jeune, entreprit de parcourir la partie ouest et nord de la Grande-Arménie, et qui nous a donné une agréable et instructive relation de son voyage dans cette région, qui n'avait pas été visitée avant lui. Le même savant a doté la collection de l'*Univers pittoresque* d'une description de l'Arménie, description succincte, destinée à mettre à la portée des gens du monde des notions contenues dans des livres dont l'accès leur est fermé. M. Boré eût imprimé à ses travaux sur la contrée qui était devenue l'objet de ses prédilections un caractère de plus en plus scientifique, si d'autres occupations n'avaient tout à coup détourné son attention et son activité ailleurs, en l'appelant à une vocation non moins haute, non moins méritante, celle de l'œuvre des Missions apostoliques en Orient.

Cependant l'enseignement de l'arménien, négligé, semblait pencher vers sa décadence. Frappé de cet état de dépérissement qui menaçait l'une des plus belles branches de la littérature orientale, et le déplorant profondément, M. Éd. Dulaurier prit la résolution de l'en faire sortir. Laissant à des successeurs formés par ses leçons et ses écrits le soin de continuer le cours de langue et de littérature malaye et javanaise dont il était le créateur, il se voua avec courage à des études toutes nouvelles pour lui. L'occasion était favorable : un grand établissement, le collége arménien Samuel Moorat, venait d'être fondé à Paris, grâce à la munificence de l'homme dont il a reçu le nom, par les Pères mëkhitaristes de Venise, qui en prirent la direction. M. Dulaurier se mit sous la discipline de ces maîtres expérimentés, qui lui prodiguèrent, avec la plus bienveillante libéralité, leurs conseils et leurs leçons. Pour les recherches historiques qu'avait en vue l'élève de ces doctes religieux, la Bibliothèque impériale et les autres dépôts publics de Paris ne présentaient que des ressources très-bornées et tout à fait insuffisantes;

le premier soin à prendre était d'y suppléer, en faisant copier à l'étranger, à grands frais, ou en s'imposant la tâche pénible et ingrate de copier soi-même les nombreux ouvrages encore inédits. Des manuscrits de Venise, de Vienne, de Saint-Pétersbourg et de Moscou furent communiqués à M. Dulaurier, et, au bout de quelques années, il réussit à se former une collection presque complète des historiens arméniens.

Le premier fruit de ces efforts fut la publication (1849) de l'extrait d'un chroniqueur dont quelques rares citations de Saint-Martin et d'Étienne Quatremère avaient fait entrevoir l'importance, Michel dit le Syrien. Son ouvrage, écrit dans sa langue nationale, le syriaque, n'a pas été retrouvé; en sorte que la version arménienne faite dans le xiiie siècle tient lieu aujourd'hui de l'original. Le fragment qu'en a détaché M. Dulaurier s'étend depuis la huitième année de l'empereur Justin II jusqu'à la deuxième année de Léon III dit l'Isaurien (573-737), et embrasse, par conséquent, le récit de l'une des plus grandes révolutions dont l'Asie ait été le théâtre : l'avénement de l'islamisme, et les conquêtes qui rendirent les Arabes maîtres de la Perse, de la Syrie, de l'Afrique septentrionale et des plus belles provinces de l'empire grec en Orient. La position de l'auteur, comme appartenant à la secte persécutée, mais très-militante des chrétiens jacobites, donne à sa narration un ton vif et passionné, l'empreint d'un cachet original qui la rend très-piquante et très-curieuse pour nous, et lui a ouvert une source d'informations particulières. L'estime dont jouissait la composition de Michel parmi ses coreligionnaires, dont il fut le patriarche à Antioche, est attestée par les larges emprunts qu'y a faits Grégoire Aboulfaradj, dont la chronique n'est que le calque et la continuation de celle de son devancier.

Cette publication de M. Dulaurier était le prélude d'autres travaux de plus longue haleine, entrecoupés par une série d'articles qu'accueillirent les recueils périodiques les plus estimés : la *Revue des Deux-Mondes,* le *Journal asiatique,* les *Nouvelles Annales des*

Voyages, et qui avaient pour thème tour à tour l'Arménie ancienne ou moderne, ses anciennes légendes et ses chants populaires, l'état actuel de la nation maintenant dispersée en Turquie, en Russie et en Autriche, la conquête de l'Arménie et la guerre du Caucase par la Russie, etc.

Ces articles servaient de diversion à un labeur considérable, dont un programme, qui parut en 1857, annonça la nature et le but : la publication d'un choix des historiens arméniens traduits en français et annotés. Le premier volume de cette collection comprend la Chronique de Matthieu d'Édesse (952-1036) continuée jusqu'en 1062 par son disciple, Grégoire dit Eretz ou le Prêtre. Cette période de cent dix ans circonscrit une suite d'événements du plus haut intérêt et sert de cadre à un tableau de l'Orient grec et musulman à cette époque, avec l'Arménie au premier plan. L'invasion des Arabes dans les îles de la Méditerranée, les brillantes campagnes de Nicéphore Phocas et de Jean Zimiscès en Syrie, l'arrivée des Turks seldjoukides et leurs incursions dévastatrices jusqu'aux bords de la Méditerranée, la destruction des dernières souverainetés arméniennes par la politique artificieuse des empereurs byzantins, la première croisade, et la part qu'y prirent les Arméniens, la domination française établie sur les bords de l'Euphrate, et Édesse anéantie au bout de quelques années par l'atabek Emad Eddin Zangui et son fils Noureddin, la fondation et les débuts du royaume de la Petite-Arménie, les guerres des chefs de ce royaume contre les sultans d'Iconium, et leurs rapports avec les princes latins de la Syrie, telles sont les scènes principales du drame que ces deux écrivains déroulent à nos yeux.

Mais pour se guider dans la lecture des historiens et des chroniqueurs arméniens et suivre l'enchaînement des faits qu'ils ont enregistrés, il faut, avant tout, être initié au système chronologique qu'ils ont adopté. Ce système, devenu prédominant à partir de la moitié du VIe siècle de notre ère, est basé sur un cycle de 1461 années vagues, chacune de 365 jours, sans fraction, égales à 1460 années juliennes, et dont le point initial a été fixé au 11 juillet 552. Le problème à résoudre consistait à déterminer avec précision et à confirmer par des preuves historiques ce point d'origine, jusque-là vainement cherché, problème d'autant plus délicat et important, qu'il suffit d'une seule unité de jour en plus ou en moins pour déranger toute l'échelle chronologique et fausser tout l'ensemble des dates. De ces recherches résulta ce fait très-digne de remarque, que les Arméniens ont conservé dans leurs monuments historiques et dans la vie pratique l'usage inaltéré de l'année vague, employée dès les temps les plus reculés en Égypte, en Perse, et probablement dans toute l'Asie occidentale. Mais, tandis que les Perses introduisaient des modifications dans cette forme d'année, d'abord sous le dernier des souverains sassanides, Yezdedjerd III, et ensuite par la correction djéaléenne sous le sultan Mélik Schah; tandis que les Égyptiens la remplaçaient par l'année fixe alexandrine, les Arméniens la maintenaient à l'abri de toute intercalation, avec cette persistance opiniâtre qui est le trait saillant de leur caractère, et qui leur a fait conserver, avec une affection immuable, leurs vieilles traditions et leurs croyances. C'est l'économie des fêtes dans l'année chrétienne et le besoin de faire cadrer le calendrier julien et le comput ecclésiastique, qui n'est autre que le cycle de Méton, corrigé par Callippe, avec l'année vague, qui les conduisit à établir ce point de départ dont je parlais tout à l'heure, et à instituer une ère nationale. Cette méthode de concordance était inintelligible sans la connaissance préalable du comput ecclésiastique, science cultivée jadis avec ardeur et depuis lors complètement négligée et oubliée. Pour en expliquer les théories, M. Dulaurier dut se livrer à de longues recherches, dont le résultat est un véritable service rendu aux sciences historiques en général; car, ainsi que le dit Pétau (*ad Nicephori breviarium historicum notæ*, p. 40, éd. de Venise, in-fol.), le comput pascal est le régulateur de toutes les notations chronologiques qui se rencontrent au moyen âge, chez les chrétiens d'Occident comme chez ceux de l'Orient. L'excellence de l'année vague pour le calcul historique et civil ne saurait paraître douteuse ; et, en effet, tandis que la chronologie de toutes les nations est hérissée de difficultés souvent inextricables, celle des Arméniens ne provoque aucune incertitude, et l'on peut affirmer que leur méthode de dater est un modèle d'exactitude.

Les Turks seldjoukides, en se précipitant sur la Grande-Arménie, y avaient porté le trouble et la ruine, et les populations chrétiennes de ce pays, opprimées, commencèrent à quitter leurs foyers en se portant à l'ouest sur les confins de l'empire grec. Elles reculèrent successivement vers les bords de l'Euphrate, en quête d'un asile où l'ennemi devait bientôt les atteindre, et jusque dans l'angle sud-est de l'Asie Mineure où elles trouvèrent enfin la sécurité qu'elles cherchaient. La Cilicie vit naître, dans les âpres montagnes du Taurus, plusieurs principautés fondées par ces émigrés. Celle qui devint la plus considérable et qui finit par s'étendre dans les plaines que borde la mer de Chypre, dut son origine à un intrépide chef de partisans, nommé *Roupèn* (Ruben), tige d'une dynastie de princes appelés de son nom *Roupéniens*. Ce petit État, désigné du temps des croisades, par les Occidentaux, sous la dénomination de *royaume de la Petite-Arménie*, s'agrandit peu à peu, entra dans le concert des colonies latines de la Syrie, et, après la chute de Jérusalem et plus tard de Ptolémaïs, constitua, avec le royaume de Chypre, le dernier boulevard de la chrétienté en Orient. Son histoire se lie d'une manière intime à l'histoire générale des guerres saintes d'outre-mer. Non-seulement les écrivains arméniens, mais encore tous les chroniqueurs grecs, latins, français, arabes et syriens contemporains, ont raconté ou mentionné incidemment les vicissitudes et les destinées politiques de ce royaume. Recueillir ces récits dans les textes originaux arméniens, les confronter et les éclaircir par la comparaison avec les textes étrangers, telle est la tâche tout à fait neuve que s'était imposée M. Dulaurier. Cette entreprise, menée à bonne fin aujourd'hui, a produit un des volumes de la grande collection des Historiens des croisades, projetée par les

Bénédictins, et dont l'Académie des inscriptions et belles-lettres, digne héritière de ces savants religieux, poursuit activement l'exécution.

Les monnaies des souverains de la Petite-Arménie n'avaient occupé les numismatistes que par occasion et souvent d'une manière fautive, lorsqu'un jeune savant, M. Victor Langlois, doué d'une ardeur qui serait très-louable si elle était dirigée par l'étude et la méditation, entreprit de soumettre ces pièces à un système de classification. Il publia son essai sous la forme d'une lettre adressée au R. P. Gabriel Aïvasovski, alors directeur du collége Samuel Moorat, à Paris, dont les conseils avaient dirigé ses premiers pas [1]. Quelques années plus tard, M. Langlois développa ce travail dans une monographie [2] où il consigna les découvertes que ses explorations lui avaient procurées ou qui lui avaient été communiquées; mais comme plusieurs de ces princes roupéniens sont homonymes et que leurs noms ne sont accompagnés d'aucune date, et comme, d'ailleurs, le caractère extrinsèque des types monétaires n'était point distingué et éclairé par la comparaison indispensable des types étrangers dont ils procèdent, la classification proposée ne put être qu'approximative et souvent arbitraire.

Ces tâtonnements furent en partie redressés dans une brochure du R. P. Clément Sibilian, de la congrégation des Mékhitaristes de Vienne, qui s'est consacré depuis plusieurs années à une étude approfondie des monnaies roupéniennes [3]. Un travail plus considérable de ce savant religieux était terminé et sur le point de paraître en allemand et en français simultanément, lorsque le désir de le perfectionner le décida à partir pour l'Orient. Ses connaissances spéciales, et celle surtout de la langue arménienne, qu'il possède par-

---

[1] *Revue archéologique*, x^e année, p. 467; Paris, 1853.

[2] *Numismatique de l'Arménie, au moyen âge*, in-4°; Paris, 1855.

[3] *Beschreibung noch unedirten Münzen der Armenisch-rubenischen Dynastie in Kilikien von* P. Clemens Sibiljan, *Priester der mechitaristen Congregation in Wien*, dans les Comptes rendus des séances de l'Académie impériale des sciences de Vienne, vol. XVII, mars 1852.

faitement, à la différence du numismatiste français resté étranger jusque-là à cette étude, et celles aussi qu'il aura acquises dans sa longue pérégrination, nous font espérer un ouvrage complet et satisfaisant sur cette branche intéressante et encore peu développée de la numismatique.

Le désir de visiter la contrée d'où proviennent ces monuments devait pareillement se présenter à l'esprit de M. Langlois, et ce désir exprimé au chef de l'État, le prince Président de la République, fut accueilli (1852) avec cet empressement éclairé et secondé par cette munificence qui, depuis lors, a provoqué tant de voyages scientifiques, dont les lettres et l'archéologie ont profité au grand honneur de notre pays et de son gouvernement. Les trouvailles faites par M. V. Langlois en Cilicie, dans le champ des antiquités grecques et romaines, ont été appréciées devant l'Académie des inscriptions et belles-lettres par un archéologue des plus compétents, M. Raoul Rochette, et ont provoqué de sa part un jugement très-sévère sur cette partie des explorations du jeune voyageur. Celui qu'on peut porter sur ses descriptions et ses explications des antiquités arméniennes qu'il a visitées, ne saurait être plus indulgent. Pour lire et interpréter les inscriptions arméniennes, tracées en caractères enchevêtrés sur les monuments, il faut une expérience consommée de ces textes épigraphiques et de la langue dans laquelle ils sont rédigés.

Après la relation du voyage de M. V. Langlois en Cilicie, publiée neuf ou dix ans après son retour (1861), relation à laquelle ont contribué largement, mais sans doute très-involontairement, Raoul Rochette, par son Histoire des colonies grecques, et M. le duc de Luynes, par sa monographie des Satrapies, il faut mentionner sa collection des priviléges émanés des princes de la Petite-Arménie accordant l'entrée dans leur royaume, des immunités ou des établissements permanents aux nations de l'Europe méridionale qui faisaient alors le commerce de la Méditerranée et qui fréquentaient le port d'Aias (l'ancienne Ægæ) dans le golfe d'Alexandrette. Ce livre a paru sous le titre de *Trésor des chartes d'Arménie* ou *Cartulaire de la chancellerie royale des Roupéniens*, aux frais de la congrégation des Mëkhitaristes de Venise et dans la riche typographie de leur couvent. Cette circonstance de lieu est à noter; car elle explique la parfaite correction des textes arméniens que ce livre contient et dont les Mëkhitaristes ont eux-mêmes surveillé l'impression. Mais il serait impossible d'accorder le même éloge à la reproduction des pièces françaises ou latines, dont se compose la presque totalité de ce recueil; car les omissions et les mauvaises leçons abondent à chaque page; il est nécessaire d'ajouter que les notes, dans cette compilation, trahissent de continuelles inexactitudes ou des emprunts maladroitement déguisés.

Un esprit exact et solide, un sentiment vrai de la critique scientifique et l'intelligence des textes recommandent le nom d'un autre arméniste, M. Évariste Prud'homme. Il nous a donné d'abord une traduction très-soignée de l'élégie historique d'Aristacès Lasdivertsi, auteur du XIIe siècle, peintre éloquent, mais quelquefois diffus et obscur, des malheurs de l'Arménie, livrée aux ravages des Turks seldjoukides, et tombant par la prise d'Ani, sa ville royale, en 1064, sous le joug du sultan Alp-Arslan.

Un très-précieux écrivain du IVe siècle, Zénob, moine du couvent de Klag, nous a laissé une histoire particulière du district de Daron, situé à l'ouest du lac de Van, dans laquelle il peint l'antagonisme qui s'éleva alors entre la vieille religion de l'Arménie, le culte du feu, et le christianisme naissant, sous la parole ardente et inspirée de saint Grégoire l'Illuminateur, et raconte, d'une façon toute pittoresque, l'invasion des peuples vivant au nord du Caucase. La version de cet auteur est la seconde des productions de M. Év. Prud'homme.

Au temps de Zénob, la Grande-Arménie était encore gouvernée par les Arsacides, ses souverains nationaux; mais au VIe siècle, cette dynastie s'éteignit, et ses États se trouvèrent divisés entre les monarques Sassanides, qui s'emparèrent des provinces orientales, et les Grecs, qui continuèrent à occuper la partie occidentale.

Les Arméniens, devenus les sujets de ces puissants monarques et continuellement en relation avec eux, incorporés dans leurs armées, pourvus par eux de grands offices civils ou militaires, admis à la cour de Ctésiphon, alliés par des mariages à la famille royale, les Arméniens étaient admirablement placés pour être instruits des événements et des affaires intérieures de la Perse. Pour cette période de l'histoire de l'Irân, leurs historiens ont enregistré des détails que l'on chercherait vainement dans les écrivains byzantins contemporains, et dont les auteurs orientaux, venus beaucoup plus tard, ne sont que les échos affaiblis et souvent infidèles. M. Patkanoff a eu la très-heureuse idée de rassembler ces témoignages arméniens sur les Sassanides, et M. Prud'homme celle de transporter dans notre langue la brochure du professeur russe.

Quoique les travaux de M. Félix Nève sur la littérature de l'Arménie semblent sortir de notre cadre, parce qu'ils ont été exécutés dans un pays voisin, la Belgique, ils y rentrent néanmoins par la langue dans laquelle ils ont été rédigés. Le savant professeur de Louvain, qui réunit à l'érudition la plus variée et la plus compréhensive un véritable talent de style, a su vulgariser dans une série d'articles et de brochures, sous une forme attrayante, les conquêtes qui ont enrichi récemment le domaine de la science arménienne, et lui-même s'est montré original à son tour en traduisant et en commentant très-habilement une œuvre du xve siècle, l'incorrecte, mais dramatique et sombre peinture de la sanglante apparition de Timour ou Tamerlan en Arménie, par un moine du couvent de Medzoph, nommé Thomas.

Nous avons aussi à revendiquer comme un des nôtres un académicien de Saint-Pétersbourg, M. Brosset, que sa nationalité et la langue qu'il emploie en écrivant classent parmi les arménistes français. On sait que ce savant a fondé l'étude scientifique du géorgien et qu'il a fait jaillir de la littérature à laquelle cette langue sert d'expression une vive lumière sur une partie encore inconnue de l'histoire orientale. Par suite de la proximité des Géorgiens et des

Arméniens et dés rapports que ce voisinage a créés de tout temps entre eux, les annales des deux nations se confondent souvent ensemble et, par suite aussi, la connaissance du géorgien ne saurait être séparée de celle de l'arménien. M. Brosset a pleinement satisfait à cette loi de convenance qui exige l'étude simultanée des deux idiomes. Il a pu ainsi puiser dans les auteurs arméniens de quoi commenter et augmenter considérablement sa grande *Histoire de la Géorgie*[1]. Il serait trop long de rappeler ici tous les mémoires ou monographies que l'histoire, la géographie et les antiquités de l'Arménie ont suggérés à M. Brosset; mais nous ne saurions omettre son dernier ouvrage, la traduction de l'*Histoire de Siounie*[2], province de l'Arménie orientale, histoire écrite au XIIIe siècle par Étienne Orbélian, métropolite de cette province et issu de l'antique famille qui y régna souverainement. Ce qui constitue le principal mérite de l'œuvre du savant prélat arménien, c'est qu'il en a pris les éléments dans les archives officielles de la principauté, dans les traditions locales, dans les monuments du pays encore debout à l'époque où il vivait, enfin dans des sources d'information que personne ne pouvait connaître mieux que lui.

En parcourant la très-longue liste des productions que M. Brosset a signées de son nom, il est impossible de ne pas éprouver un sentiment d'étonnement et presque d'admiration pour une aussi féconde activité et en même temps de regret pour les défauts qui sont la contre-partie de cette éminente qualité, c'est-à-dire l'absence du sens critique et de cette perfection relative qui n'est obtenue que par une élaboration patiente et réfléchie.

Dans ce rapide aperçu, il serait injuste d'oublier les Arméniens qui, venus se fixer à Paris, ont contribué, pour leur part, et dans la mesure de leurs forces, à répandre parmi nous la connaissance

---

[1] *Histoire de la Géorgie*, 3 vol. in-4°. Saint-Pétersbourg, 1849-1858.

[2] *Histoire de la Siounie*, par Stephanos Orbélian, traduite de l'arménien, in-4°, Saint-Pétersbourg. 1re partie, 1864; 2e partie, 1866.

et le goût de leur littérature nationale. J'ai déjà mentionné Zohrab comme auteur d'une traduction du Nouveau Testament en langue vulgaire et collaborateur de Saint-Martin. Un autre de ces enfants de l'Arménie, que l'hospitalité française a accueillis, est le Père Garabed Kabaragy, ancien moine de la congrégation de Venise. Passablement exercé à la pratique de notre langue, il s'en est servi pour traduire un historien du ve siècle, Élisée. Le titre inscrit au frontispice de cette traduction explique assez clairement l'objet de la composition originale : *Histoire du soulèvement national de l'Arménie chrétienne contre la loi de Zoroastre*. Dans un cadre aux proportions harmonieuses et dans une langue d'une exquise pureté, Élisée décrit cette lutte inégale où Vartan, général en chef des Arméniens, et ses compagnons, tombèrent sur le champ de bataille, martyrs de la plus sainte des causes, la défense de la liberté de conscience et de l'indépendance de leur patrie contre la tyrannie et l'oppression d'Yezdedjerd II, roi de Perse. Les traits dont ce tableau est entremêlé, relatifs aux mœurs, aux croyances et au système administratif de l'empire des Sassanides, sont d'autant plus curieux qu'ils proviennent d'un témoin oculaire, qui prit part lui-même à ces événements.

Le récit d'Élisée est complété dans la version du P. Garabed Kabaragy par quelques pages qui lui ont été fournies par un autre auteur contemporain, Lazare de Pharbe, qui a continué l'histoire de cette guerre jusqu'en 485, année marquée par l'heureuse issue des efforts et des longues négociations de Vahan, neveu et successeur de Vartan, pour amener la pacification de son pays et la concession par le roi Vagh'arsch ou Vologèse, fils d'Yezdedjerd II, d'une honorable capitulation. Il y a dans le travail de l'ancien Mékhitariste, et surtout dans les longues notes qui terminent le volume, des imperfections et des méprises qui tiennent à un défaut d'éducation scientifique, choquantes pour un érudit européen, mais qui, faciles à apercevoir, n'empêchent pas de profiter de ce qu'il y a de bon dans ce travail.

Un concours plus efficace donné au développement des études arméniennes en France signala la présence à Paris du P. Garabed Schahnazarian, religieux du couvent d'Édchmiadzin, qu'avait attiré chez nous l'attrait de la civilisation et des sciences des pays d'occident. Cette soif d'instruction se manifestait par l'application soutenue et intelligente que déploya Schahnazarian pour apprendre notre langue et se mettre en état de lire nos auteurs modernes. Ses débuts furent la traduction d'un historien du viiie siècle, Léonce le Prêtre, retrouvé, il y a quelques années, dans la bibliothèque d'Édchmiadzin, où il était resté enfoui, et auquel est due une relation des guerres et des conquêtes des Arabes en Arménie dans les premiers siècles de l'islamisme. Schahnazarian montre un esprit plus pénétrant, mieux exercé que son devancier Kabaragy, sans dépouiller toutefois cette naïveté quelque peu enfantine qui se mêle au savoir des Orientaux.

En quittant sa patrie, Garabed Schahnazarian avait emporté avec lui une collection d'historiens inédits et dont les ouvrages ne nous étaient connus que par l'usage qu'en avait fait Tchamitch dans son Histoire d'Arménie, et par les notices très-courtes et insuffisantes de Mgr Soukias Somal, dans son *Quadro della letteratura armena*. La curiosité était éveillée, tout en restant incertaine du moment et de l'heureuse occasion qui nous mettrait en possession de ces trésors conservés avec un soin jaloux dans des dépôts inaccessibles. Soutenu par les souscriptions de ses compatriotes, Schahnazarian commença la publication de cette collection sous le titre de *Galerie historique arménienne*. Sept volumes avaient déjà paru (1857-1860) lorsque l'ancien moine d'Édchmiadzin, qui s'était imposé à la fois la tâche multiple d'en éditer les textes, de les annoter et de les imprimer lui-même, quitta la France, et, après avoir séjourné quelques années en Angleterre comme chapelain de la colonie arménienne de Manchester, alla mourir au Caire, en Égypte. Certes, ces textes mis au jour d'après un exemplaire unique et moderne sont loin d'être irréprochables, et les annotations dont ils sont accompagnés trahissent souvent une érudition de seconde ou de troisième main; mais il n'en est pas moins vrai que cette publication est un service rendu à la science, et dont il faut savoir gré à celui qui a mis ainsi à la portée de tous et à un prix très-modique des ouvrages introuvables. L'opportunité et le mérite de ce service ne sont pas diminués par l'apparition simultanée d'une édition de ces mêmes auteurs, publiée à Moscou par M. Emin, ancien professeur à l'Institut Lazareff des langues orientales de cette ville, aujourd'hui directeur du Gymnase de Volodimir; car cette autre édition ne l'emporte en rien sur celle de Schahnazarian, et d'ailleurs il est presque impossible de s'en procurer des exemplaires, tant sont difficiles et lentes, comme chacun sait, les communications avec l'intérieur de la Russie. Il est à souhaiter que les Pères mékhitaristes de Venise nous livrent enfin, avec cette supériorité de savoir et de critique qui leur est habituelle, ces textes précieux dont ils ont inauguré déjà la publication par une édition de Vartan, auquel est due une Histoire universelle, et de l'Histoire d'Arménie de Guiragos (Cyriaque), le narrateur des premières invasions mongoles en Arménie.

D'autres noms, appartenant primitivement à la même congrégation, mais qu'une fâcheuse rupture en sépara plus tard, rappellent la fondation à Grenelle, auprès de Paris, d'un second collége arménien, qui n'a eu qu'une existence éphémère, et d'un centre d'études et de productions littéraires qui, pour être d'un ordre élémentaire ou vulgaire, n'en ont pas moins un caractère d'utilité relative, et ne doivent pas être oubliées ici. Ces productions consistent principalement en traductions de quelques-uns de nos auteurs français les plus goûtés par les Arméniens, en dictionnaires, guides de la conversation, livres d'éducation primaire, en ouvrages divers destinés à faciliter à la jeunesse arménienne la connaissance de la langue française, à répandre parmi elle des idées morales ou les notions les plus nécessaires des sciences historiques et naturelles. Parmi ces publications, on peut citer la traduction de Paul et Virginie, celle du Télémaque et le dictionnaire arménien-français, ouvrages de M. Ambroise Calfa, la traduction des Pensées de J. Droz, par le P. Gabriel Aïvazovski.

Une revue bimensuelle, intitulée *la Colombe du Massis*, sorte de *Magazine*, rédigée en arménien et en français et illustrée par des gravures sur bois, fut entreprise par les directeurs du même collége, pour révéler à l'Orient les merveilles des arts et des sciences de notre Occident. Il est à regretter seulement que ce recueil ait quelquefois servi d'organe à des querelles religieuses et porte l'empreinte de l'animosité dont elles sont le mobile. Après avoir paru pendant quatre ans à Paris, il fut continué à Théodosie ou Caffa, lors de la translation en Crimée de l'établissement de Grenelle.

Un travail né de cet esprit d'imitation de nos ouvrages élémentaires et didactiques français, mais d'une portée plus relevée, est la traduction en vers arméniens faciles et élégants des *Harmonies* de Lamartine, par M. Corène Calfa, professeur au collége de Grenelle, qui, lui-même, a composé dans sa langue maternelle des poésies qu'anime une douce inspiration, et qui ne sont pas dépourvues de sensibilité et de goût.

Tel est, en quelques pages, l'exposé du développement qu'a pris parmi nous la culture des lettres arméniennes. Ce mouvement, très-faible et borné dans les deux siècles qui ont précédé le nôtre, puis dirigé par une main habile mais réduite à ses seules forces, celle de Saint-Martin, a, depuis vingt-cinq ou trente ans, pris une rapidité et une extension marquées.

Quoique placée sous ce rapport dans des conditions inférieures à celles des pays dans lesquels a été englobé le territoire de l'ancienne Arménie et qui ont les sources à leur disposition, comme la Russie, la Turquie, ou au sein desquels existent de savantes et riches congrégations, foyer actif d'études, comme Venise et Vienne, la France, il y a tout lieu de le croire, ne restera pas en arrière des nations que nous venons de nommer, et une noble émulation suppléera aux avantages matériels que des circonstances fortuites ont placés hors de chez nous.

EXPOSÉ HISTORIQUE

DES

ÉTUDES CHINOISES, TIBÉTAINES

ET MONGOLES.

LANGUE
ET LITTÉRATURE CHINOISES.

La littérature chinoise, dont les monuments les plus anciens remontent à plus de deux mille ans avant notre ère, est sans contredit la plus riche qui existe au monde.

Elle embrasse toutes les branches des connaissances humaines : histoire, chronologie, géographie, politique, administration, science militaire, jurisprudence, astronomie, mathématiques, géométrie, peinture [1], histoire naturelle, physique, chimie, agriculture, pièces de théâtre, romans, etc.

Grâce à l'invention de l'imprimerie qui remonte, en Chine, à l'an 581 [2] de notre ère, les ouvrages relatifs aux sujets que nous venons de citer se sont répandus rapidement dans toutes les parties de l'Empire, et ont fait des Chinois la nation la plus lettrée, sinon la plus éclairée de l'univers.

Il était à désirer que les ressources immenses qu'offre la littérature chinoise devinssent accessibles aux Européens, et particulièrement aux Français.

En 1814, un jeune homme d'un grand avenir, Abel Rémusat qui s'était livré avec ardeur à l'étude de la médecine et de l'histoire naturelle, eut la curiosité de s'appliquer à la langue chinoise. Mais il lui aurait été fort difficile, pour ne pas dire impossible,

---

[1] Il existe une Histoire de l'écriture, de la peinture et des peintres, en 64 vol. in-4°.

[2] Plus tard (en 904) on inventa l'art d'imprimer avec des planches de pierre gravées en creux, et enfin (en 1040) avec des planches composées de types mobiles.

de réussir, s'il n'avait été aidé par quelques ouvrages des anciens missionnaires catholiques, qui pénétrèrent en Chine dès le commencement du xviie siècle. Ses premières publications attirèrent sur lui l'attention des savants et firent pressentir de bonne heure l'éclat qu'il devait jeter plus tard sur les lettres orientales. Aussi, ce fut sur Abel Rémusat que le Gouvernement jeta les yeux lorsqu'il voulut fonder, au Collége de France, une chaire de langue et de littérature chinoises, comprenant l'enseignement du tartare-mandchou, qui est la langue de la dynastie régnante, et dans laquelle sont traduits les livres classiques et canoniques, ainsi que plusieurs corps d'histoire et les ouvrages les plus importants de la littérature chinoise. Cette langue n'a point de littérature particulière; mais elle est alphabétique, et comme elle possède des marques de cas et des inflexions verbales qui manquent aux signes monosyllabiques des Chinois, elle rend ceux de leurs livres dont on a une traduction mandchou aussi clairs et aussi faciles que s'ils étaient écrits dans une langue européenne. Il était donc indispensable de joindre l'enseignement du mandchou à celui de la langue chinoise.

M. Abel Rémusat avait vingt-six ans, lorsque, sur le rapport de M. l'abbé de Montesquiou, ministre de l'intérieur, le roi Louis XVIII le nomma, en 1816, professeur au Collége de France. Dès 1822, il publia, sous le titre d'*Éléments de la grammaire chinoise*, un excellent résumé de la *Notitia linguæ sinicæ* du P. Prémare, qui fut publiée à Malacca, en 1831, aux frais de lord Kingsborough. M. Frédéric Neumann, professeur à Munich, mû par un sentiment de malveillance qu'on ne saurait trop blâmer, montra que le plus grand nombre des exemples chinois n'étaient pas le fruit des lectures de l'auteur, mais étaient tirés de l'ouvrage de Prémare dont il indiqua, presque pour chaque citation, la page et la ligne. Quoi qu'il en soit, il est juste de dire que la grammaire de M. Rémusat est plus claire et plus méthodique que celle du P. Prémare, aujourd'hui épuisée aussi bien que la sienne.

Quelques années après, M. Rémusat fit imprimer, dans les *No-*

tices des manuscrits de la Bibliothèque royale, le texte chinois et la version mandchou d'un des quatre livres classiques appelé *Tchong-Yong* (l'*Invariable Milieu*, ou plutôt l'*Invariabilité dans le Milieu*) avec une traduction française, une version latine et des notes. Mais l'interprétation latine n'est guère que la reproduction de celle des missionnaires de Goa[1], dont M. Rémusat possédait un rarissime exemplaire, qui appartient aujourd'hui à la Bibliothèque impériale de Paris.

Ce secours littéraire, dont l'existence fut révélée par un helléniste bien connu (M. Sinner), ne diminue en rien à nos yeux le mérite de cette édition, accompagnée d'une bonne traduction française et de notes qui annonçaient déjà un habile sinologue.

En 1826, M. Rémusat publia, sous le titre de *Yu-kiao-li* (ou les *Deux cousines*), un roman chinois qui le fit plus connaître en Europe que les savants mémoires dont il a enrichi le recueil de l'Académie des inscriptions et belles-lettres. Quoique M. Rémusat eût été puissamment aidé dans cette traduction par un petit dictionnaire du *Yu-kiao-li*, que Monseigneur de Lione avait composé en Chine pour son usage[2], et que lui avait procuré un employé de la Bibliothèque royale (M. Robert, fils d'un ancien bibliothécaire de Sainte-Geneviève), il fit preuve, pour l'époque où il vivait, d'une connaissance assez remarquable de la langue moderne des Chinois. S'il avait eu à sa disposition la vaste collection dont s'est enrichie depuis 1839 la Bibliothèque aujourd'hui impériale, il n'aurait certainement pas laissé à son successeur le soin de publier, en 1864, une nouvelle traduction des *Deux cousines*, plus fidèle, plus complète que la sienne, et accompagnée de notes où sont expliquées toutes les allusions historiques qui lui ont échappé.

M. Rémusat, pendant l'espace de seize ans que dura son ensei-

---

[1] Les missionnaires de Goa avaient imprimé en chinois et en latin, sur des planches de bois, à la manière des Chinois, les quatre livres classiques. Mais à peine quelques exemplaires étaient parvenus en Europe, que la cour de Rome les obligea de brûler tout ce qui restait de cette précieuse édition.

[2] Prémare, *Notitia linguæ sinicæ*, p. 39, en note.

gnement, eut un bon nombre d'auditeurs, dont les plus connus furent MM. Schulz, Frédéric Neumann, Molinier del Maynis, Ampère, Fulgence Fresnel, Brosset, Mohl, Landresse, Jacquet et Stanislas Julien. Mais aucun des neuf premiers, quoique tous savants plus ou moins distingués, n'a mérité par ses travaux le titre de sinologue. M. Rémusat eut pour successeur, le 6 août 1832, un de ses disciples, qui, seul, a publié jusqu'à ce jour (1867) plus de traductions d'auteurs chinois que n'en ont fait paraître, depuis quarante ans, tous les sinologues de l'Europe et de la Chine. On comprend que nous voulons parler de M. Stanislas Julien. La manière dont il commença l'étude du chinois mérite d'être racontée. Après avoir suppléé pendant assez longtemps M. Gail au Collége de France, dans son cours de langue et de littérature grecques, obéissant aux conseils du docteur Watson, l'un de ses auditeurs, il eut la curiosité de suivre, pendant quelques semaines, les cours d'hébreu, d'arabe, de persan et de sanscrit, sans avoir pu s'attacher de préférence à aucune de ces langues savantes. Mais une visite qu'il fit à M. Fulgence Fresnel décida de sa vocation pour la langue et la littérature chinoises, auxquelles il devait consacrer tout le reste de sa vie. Ce jour-là, M. Fresnel, qui suivait le cours de chinois de M. Rémusat, préparait un fragment du texte de Meng-tseu, qu'il devait expliquer à la leçon du mercredi suivant. M. Julien, après avoir reçu de son ami de longs éclaircissements sur les caractères chinois qui lui paraissaient des plus étranges, et sur cette langue et cette littérature dont il n'avait auparavant aucune idée, pria M. Fresnel de lui expliquer mot à mot le texte qui devait faire l'objet de la prochaine leçon. Le disciple improvisé retint si bien, au bout d'une demi-heure, les sons et la signification des signes chinois, qu'il demanda à son ami la permission de prendre pour cette fois sa place au Collége de France. M. Fresnel y consentit avec plaisir, et, le mercredi suivant, M. Rémusat fut agréablement surpris en voyant un jeune homme qui lui était inconnu expliquer en bon latin, pendant une heure, un assez long fragment du philosophe Meng-tseu. Le nouvel élève n'avait pas eu en cela un grand mérite, puisqu'il n'avait fait que répéter fidèlement une leçon apprise par cœur. Mais les jours suivants, du consentement de M. Fresnel, il continua à préparer seul et à expliquer, sous les yeux du professeur, le texte de Meng-tseu, dont il devait, peu de temps après ses premiers essais, entreprendre la traduction latine, accompagnée de notes perpétuelles tirées des commentaires chinois.

M. Julien avait abordé l'étude du chinois dans les premiers jours de décembre 1823, et ce fut trois mois après (le 1er mars 1824) qu'il commença la traduction du texte du philosophe Meng-tseu, pour l'intelligence duquel il dut lire deux versions en langue mandchou qu'il avait apprise tout seul, et dépouiller pour la rédaction de ses notes plus de cent volumes de commentaires.

Cette traduction fut présentée, le 7 juillet 1824, au conseil de la Société asiatique, qui, la même année, en fit commencer l'impression à ses frais ainsi que celle du texte original.

En 1829, plusieurs Chinois chrétiens étant venus à Paris, M. Julien établit des relations suivies avec l'un d'eux, nommé Joseph Li, qui était plus instruit que ses confrères et parlait couramment la langue latine. Ayant voulu lire avec lui une comédie chinoise, il remarqua que ce jeune homme ne comprenait pas les ariettes en vers qui alternent avec la prose, et affirmait que, dans sa ville natale, il y avait à peine un ou deux lettrés qui fussent en état d'entendre la poésie chinoise. M. Julien se souvint alors que le P. Prémare, le plus habile sinologue des anciens missionnaires jésuites, avait omis, faute de les comprendre, tous les vers de l'*Orphelin de la Chine*[1], et que M. Francis Davis, quoique aidé par plusieurs lettrés, avait renoncé à traduire les morceaux en vers[2]

---

[1] Ces vers, dit le P. Prémare, sont remplis d'allusions à des faits qui nous sont inconnus, et de figures de langage dont on a de la peine à s'apercevoir.

[2] M. Francis Davis, pour faire excuser l'omission des morceaux en vers, s'est contenté de traduire, dans sa préface, le passage de Prémare que nous venons de

de la tragédie *Han-kong-thsieou* (les *Chagrins du palais de Hán*). M. Julien, aiguillonné par la difficulté même, se mit en tête de comprendre la poésie chinoise, et il y réussit. Mais auparavant il se vit obligé d'étudier les principaux recueils poétiques que possédait la Bibliothèque royale, et de se faire une sorte de dictionnaire qui lui donnât la clef des expressions figurées, des métaphores les plus fréquentes, des faits relatifs à la fable et à la mythologie, et enfin des principales allusions historiques. Pour son coup d'essai, il traduisit en français et publia, en 1832, aux frais du comité des traductions orientales (*Oriental Translation fund*), une comédie en prose et en vers intitulée *Hoeï-lan-ki* (l'*Histoire du Cercle de craie*). Puis, en 1834, il fit paraître le drame *Tchao-chi-kou-eul* (l'*Orphelin de la Chine*), après avoir traduit tous les vers devant lesquels avait reculé le savant P. Prémare.

La démonstration que M. Julien avait en vue étant faite d'une manière incontestable, il renonça, pour le moment, à traduire de la poésie chinoise[1]. Mais ses heureux essais ne restèrent pas sans résultat. Il initia M. Bazin, l'un de ses disciples les plus distingués, à l'intelligence de ce style difficile, et le mit en état de traduire[2] quatre pièces de théâtre des *Youen*, ou empereurs mongols de la Chine; puis la comédie intitulée *Pi-pa-ki* (ou l'*Histoire du Luth*), qui offre également un mélange de prose et d'ariettes en vers[3].

citer : *They are full of allusions to things unfamiliar to us, and figures of speech very difficult for us to observe.*

[1] M. Julien a traduit, dans ces derniers temps, plusieurs pièces de théâtre en prose et en vers, qui sont encore inédites : le *Si-siang-ki* (l'*Histoire du pavillon d'occident*, comédie-opéra en 16 actes), *Khan-thsien-nou* (l'*Avare*), et *Han-kong-thsieou*, (les *Chagrins du palais de Hán*), dont M. Francis Davis avait passé tous les chants en vers.

M. Stanislas Julien se prépare à publier prochainement (Librairie de Lacroix, 15, quai Voltaire), avec le concours d'un habile chimiste, M. Paul Champion, qui a voyagé en Chine dans un but scientifique, un ouvrage fort étendu sur les arts industriels et la chimie des Chinois. Les articles dont il se compose sont principalement tirés d'un traité intitulé *Thien-kong-khai-wou*, qui a paru en 1637.

[2] Voir M. Bazin, *Introduction au Théâtre chinois*, etc. 1 vol. in-8°, Paris, 1838.

[3] Un vol. in-8°, Paris, 1841.

Plus tard, M. Julien expliqua, pendant deux semestres, les poésies des Thang, pour en donner la clef au marquis Léon d'Hervey, qui réussit à traduire par lui-même un recueil des poésies composées sous cette même dynastie, lequel a paru, en un volume in-8°, chez Amyot, en 1862.

En 1834, M. Julien publia un roman de féerie intitulé *Pe-che-thsing-ki* (ou les *Deux couleuvres-fées*), pour donner une idée des croyances populaires des Chinois.

L'année suivante (1835), le Comité anglais des traductions orientales imprima sa traduction du *Khan-ing-pien* (le *Livre des récompenses et des peines*), en chinois et en français, accompagnée de quatre cents légendes, anecdotes et histoires qui font connaître les croyances et les mœurs de la secte des Tao-sse.

En 1837, M. Julien fut chargé par le Gouvernement de traduire et de publier un *Résumé des principaux traités chinois sur l'éducation des vers à soie et la culture des mûriers*. Cet ouvrage, tiré à un nombre considérable d'exemplaires, fut distribué en France aux principaux éducateurs de vers à soie. Il a été traduit en russe, en grec moderne, en italien, en anglais (dans la Caroline du Sud), en allemand, et (suivant une lettre de M. Jomard-Bey) en arabe, pour la Syrie.

M. Julien avait lu, dans les Mémoires de l'Académie des inscriptions et belles-lettres (tome VII), un mémoire où M. Abel Rémusat, entraîné par l'exemple de quelques missionnaires de Chine (les P. Prémare, Bouvet, Fouquet, etc.), avait tâché de prouver que, dès le VIe siècle avant notre ère, les Chinois avaient connu le nom de Dieu, le nom de Jéhova, qu'ils auraient cru voir dans l'ouvrage du philosophe Lao-tseu intitulé *Tao-te-king* (le *Livre de la Voie et de la vertu*). « L'objet principal du *Tao-te-king*, dit Montucci[1], d'après les missionnaires précités, est d'établir une connaissance singulière *d'un être suprême en trois personnes*. Beaucoup de passages, ajoute-t-il, parlent si clairement d'un Dieu trine (*de Deo trino*), que quiconque aura lu ce livre ne pourra douter que le *mystère de la*

---

[1] *De studiis sinicis*, p. 19, in-4°, Berolini, 1808.

très-sainte Trinité n'ait été révélé aux Chinois plus de cinq siècles avant la venue de Jésus-Christ. »

M. Rémusat avait donné, dans son mémoire, la traduction de quelques fragments de Lao-tseu; mais en même temps il avait déclaré qu'il serait difficile, pour ne pas dire impossible, de le traduire en entier. « Le texte, dit-il, est si plein d'obscurité, nous avons si peu de moyens d'en acquérir l'intelligence parfaite, si peu de connaissance des circonstances auxquelles l'auteur a voulu faire allusion; nous sommes en un mot si loin, à tous égards, des idées sous l'influence desquelles il écrivait, qu'il y aurait de la témérité à prétendre retrouver exactement le sens qu'il avait en vue, quand ce sens nous échappe. »

Loin de se laisser effrayer par ces difficultés en apparence si redoutables, M. Julien conçut le projet de publier Lao-tseu en chinois et en français, et de l'accompagner de notes perpétuelles. Après avoir étudié à fond les principaux commentaires de ce philosophe, et, entre autres, celui de *Ho-chang-kong*, qui vivait dans l'année 163 avant notre ère, il traduisit le *Tao-te-king* (le *Livre de la Voie et de la Vertu*) et l'imprima, en 1841, aux frais du Gouvernement.

Cette importante publication fit évanouir les rêves des missionnaires, qui, entraînés par les idées les plus fausses, avaient considéré l'ouvrage du philosophe Lao-tseu comme très-propre à propager la religion catholique en Chine. Le système imaginé, à leur exemple, par M. Abel Rémusat s'évanouit en même temps; mais l'autorité de ce spirituel orientaliste aura été d'un fâcheux effet : car il existe encore beaucoup de personnes qui, fermant les yeux à la lumière, s'obstinent à appeler les *Tao-sse* des rationalistes, et à voir dans le *Tao* de Lao-tseu le *Verbe* de saint Jean ou le *Logos* de Platon[1]. Mais des difficultés plus grandes et en apparence insurmontables attendaient le traducteur de Lao-tseu.

---

[1] M. Julien a imprimé, dans une brochure de critique chinoise, une lettre extrêmement remarquable que lui adressa l'illustre philosophe Schelling, après avoir lu sa traduction de *Lao-tseu*.

M Abel Rémusat avait conduit jusqu'à la moitié la traduction de la relation d'un voyage célèbre (le *Fo-koue-ki*, Mémoire sur les royaumes bouddhiques), exécuté entre les années 399 et 414 par un p lerin chinois nommé *Fa-hien*. Cet ouvrage, resté incomplet à l'époque de sa mort, fut continué par M. Klaproth et terminé par M. Landresse. Publié, en 1836, par l'Imprimerie royale, il fit une grande sensation parmi les orientalistes, et en particulier parmi ceux qui s'occupaient d'études historiques et géographiques relatives à l'Inde. Mais, dans le cours de leur travail, les trois traducteurs et commentateurs du *Fo-koue-ki* avaient rencontré de grands obstacles, qu'ils n'avaient pu lever, même avec l'aide de l'habile indianiste Eugène Burnouf : je veux parler des mots indiens figurés phonétiquement par des signes chinois, qui les altèrent au point de les rendre méconnaissables. M. Julien conçut alors le projet de traduire toutes les autres relations de voyages dans l'Inde, composées par des bouddhistes chinois, et en particulier la relation la plus considérable et la plus estimée, celle de Hiouen-thsang, qui renferme 585 pages, et est par conséquent vingt fois plus étendue que celle de *Fa-hien*.

Après avoir invoqué inutilement le secours de plusieurs indianistes, M. Julien reconnut bientôt que, pour transcrire correctement les noms sanscrits qui se rencontrent en si grand nombre dans les relations qu'il avait en vue, il fallait absolument que la même personne connût à la fois le chinois et le sanscrit. M. Julien se livra en conséquence à cette dernière langue, non pour traduire des manuscrits indiens, mais pour arriver à transcrire les mots sanscrits figurés par des signes chinois dépourvus de signification et purement phonétiques. Il commença d'abord par étudier deux vocabulaires bouddhiques, contenant un nombre considérable de mots indiens figurés phonétiquement, et suivis d'une glose chinoise qui, grâce à la connaissance qu'il avait du sanscrit, lui permettait de découvrir l'orthographe exacte de chaque mot indien. Puis, après avoir disséqué tous ces mots indiens, dont chaque syllabe lui fournissait une lettre de l'alphabet *Dévanagari*, il parvint, en lisant d'autres ouvrages bouddhiques, à réunir 1,200 signes phonétiques dont la valeur était incontestable. Ce travail de dépouillements quotidiens l'occupa pendant douze années consécutives. Ce fut en 1853 qu'il fit la première application de la méthode de transcription qu'il avait composée, en traduisant l'*Histoire de la Vie de Hiouen-thsang et de ses voyages dans l'Inde*, entre les années 629 et 645.

Dans les années suivantes, M. Julien se prépara à traduire la grande relation du célèbre pèlerin bouddhiste Hiouen-thsang lui-même, dont le texte, qui forme en chinois 3 volumes in-8°, est parsemé à chaque page, et presque à chaque ligne, de mots indiens figurés phonétiquement. Cette préparation laborieuse ne l'empêcha pas de traduire et de publier, par ordre du ministre de l'agriculture et du commerce, l'*Histoire de la fabrication de la porcelaine chinoise*, où l'on trouve pour la première fois, non-seulement la description des porcelaines de toutes les époques, mais encore une multitude de procédés nouveaux et ingénieux dont peut profiter l'industrie nationale.

Les années 1857 à 1859 furent consacrées à la traduction et à l'impression du *Si-yu-ki*, ou *Mémoires sur les contrées occidentales*, traduit du sanscrit en chinois par Hiouen-thsang, et du chinois en français; 2 volumes in-8°, accompagnés d'une carte de l'Asie centrale et d'une carte japonaise de l'Asie centrale et de l'Inde. Cet ouvrage, aujourd'hui épuisé, a été accueilli avec une grande faveur par les orientalistes d'Europe et surtout de l'Inde. Treize articles du *Journal des savants* ont fait connaître l'importance géographique et historique de l'*Histoire de la vie et des ouvrages de Hiouen-thsang*, et de ses deux volumes de *Mémoires sur les contrées occidentales*[1].

---

[1] Numéros de mars, août, septembre, novembre 1855; février, mars, juin, juillet 1856; juin, juillet, septembre 1858; janvier, février 1859. L'auteur de ces treize articles dit, dans le numéro de février 1859 : «On se rappelle que

Tout en imprimant le second volume des *Mémoires sur les contrées occidentales* de Hiouen-thsang, M. Julien a fait paraître, en 1859, 3 volumes in-18, intitulés les *Avadânas, contes et apologues indiens traduits du sanscrit en chinois et du chinois en français, suivis de fables, de poésies et de nouvelles chinoises*. Les apologues indiens, dont les originaux n'existent plus depuis douze cents ans, furent accueillis avec d'autant plus d'intérêt qu'on en trouve, dans ce recueil, un grand nombre qui sont tout à fait nouveaux, et plusieurs autres, déjà connus, dont on ignorait l'origine indienne.

En 1861, M. Julien a publié en 2 volumes la traduction d'un curieux roman intitulé les *Deux jeunes filles lettrées*, qui offre une peinture charmante des mœurs et des habitudes littéraires des Chinois au commencement du xive siècle.

C'est dans cette même année (1861) que M. Julien a fait paraître un travail qui lui avait coûté douze ans de recherches assidues, et sans lequel la traduction de l'Histoire de la Vie de Hiouen-thsang et de ses voyages, ainsi que celle de ses Mémoires sur les contrées occidentales, auraient été impossibles. Nous voulons parler de son ouvrage intitulé *Méthode pour déchiffrer et transcrire les noms sanscrits qui se rencontrent dans les livres chinois, à l'aide de règles, d'exercices et d'un répertoire de 1,100 caractères chinois phonétiques employés alphabétiquement*. Cet ouvrage a reçu la sanction des plus célèbres indianistes de l'Europe.

Les années 1862 et 1863 ont été consacrées à la traduction nouvelle et à la publication du roman *Yu-kiao-li* (les *Deux cousines*), qui, il y a quarante ans (en 1826), avait fait en Europe une sensation que les survivants de cette époque n'ont point oubliée, et

M. Stanislas Julien a complétement éclairci et résolu le problème de la transcription des mots indiens devant lesquels avaient dû s'arrêter et Abel Rémusat et Eugène Burnouf.» Il termine le même article en ces termes : «On voit donc quelle source inépuisable de renseignements de tout genre présentent les Mémoires de Hiouen-thsang et sa biographie. Je ne crois pas que de bien longtemps les études bouddhiques aient l'occasion de rencontrer de tels trésors, et, encore une fois, c'est à *l'heureuse et infaillible transcription des mots sanscrits que nous les devons*.»

auquel demeure attaché le nom de M. Rémusat. Mais, cette fois, néanmoins, le roman *Yu-kiao-li* parut sous une forme beaucoup plus exacte et accompagné de notes perpétuelles destinées à faire comprendre toutes les allusions historiques qui avaient échappé au premier traducteur.

Nous nous dispenserons de citer ici plusieurs petits ouvrages publiés en 1864 et 1865 par M. Julien, en chinois et en français, en chinois et en latin, en chinois et en anglais, pour initier les commençants à l'étude de la langue chinoise.

Nous présenterions un tableau bien incomplet des publications auxquelles les études chinoises ont donné lieu en France, si nous ne citions avec éloge les travaux littéraires exécutés par plusieurs sinologues dont les succès, qu'ils méritent, sont un honneur pour le cours de chinois du Collége de France. Nous nommerons d'abord le plus ancien disciple de M. Julien, feu Antoine Bazin, qui fut pendant vingt-deux ans professeur de chinois vulgaire à l'École des langues orientales vivantes, et à qui le monde savant est redevable d'un volume de pièces du théâtre chinois des *Youen* (des empereurs mongols de la Chine), d'une comédie en prose et en vers intitulée *Pi-pa-ki* (l'*Histoire du Luth*), d'une histoire fort importante de la littérature chinoise sous la dynastie des empereurs mongols, d'un curieux mémoire sur l'instruction publique en Chine, et enfin d'un bon nombre de savants travaux insérés dans le Journal asiatique de Paris.

Après M. Bazin, il est juste de citer M. Théodore Pavie, traducteur d'un charmant recueil de contes chinois et d'un célèbre roman historique intitulé *San-koue-tchi*, ou *l'Histoire des trois royaumes*, qui pourrait former 6 volumes in-8°, mais dont les volumes I et II seulement ont paru.

Feu Édouard Biot, que ses travaux, dus à la connaissance du chinois, avaient fait admettre dans l'Académie des inscriptions et belles-lettres, publia en 1842 un *Dictionnaire des noms anciens et modernes des villes et arrondissements de l'empire chinois*; *l'Histoire de l'instruction publique en Chine et de la corporation des lettrés* (2 vol. in-8°); le *Catalogue général des étoiles filantes et des autres météores observés en Chine pendant vingt-quatre siècles;* le *Tcheou-li,* ou *Rituel de la dynastie des Tcheou* (2 forts vol. in-8°).

M. Édouard Biot a publié, en outre, d'après les livres chinois, plusieurs savants mémoires relatifs à la géographie de la Chine et aux sciences mathématiques, mémoires rédigés sous la direction de son illustre père, et auxquels les connaissances scientifiques qu'il avait lui-même acquises à l'École polytechnique ont donné la plus grande valeur.

A ces noms distingués nous devons ajouter celui du docteur Guillard d'Arcy, traducteur du roman *Hao-khieou-tch'ouen* (la *Femme accomplie*). Nous avons déjà parlé de M. le marquis Léon d'Hervey, qui a publié un important recueil de poésies composées sous la dynastie des Thang (dans le viie, le viiie et le ixe siècle), élégamment traduites en français, et qui annoncent de la part de ce jeune sinologue autant d'esprit que d'érudition.

Les nombreux ouvrages que nous venons d'énumérer, et qui ont placé les sinologues français au-dessus de tous ceux des autres nations, ne doivent pas nous faire oublier d'autres disciples de M. Julien, qui, quoique n'ayant publié aucune traduction, ont cependant acquis une connaissance remarquable de la langue chinoise. Nous citerons d'abord le baron Eugène de Méritens, qui, après avoir été, à Péking, le premier interprète du ministre de France (M. de Bourboulon), est devenu commissaire général des douanes de Foutcheou-fou (Fo-kien); M. Fontanier, chancelier-interprète de la légation de France à Péking; M. Antelmo Severini, qui occupe, à Florence, la chaire de chinois et de mandchou, et enfin M. Léon de Rosny, qui se distingue à la fois par une connaissance solide du chinois et par celle du japonais, langue savante fort difficile, qu'il est chargé d'enseigner à l'École impériale des langues orientales vivantes.

LANGUES ET LITTÉRATURES

TIBÉTAINES ET MONGOLES.

Les études tibétaines en France étaient dans une situation plus que modeste à l'époque où Fourmont, aidé seulement d'un glossaire latin-tibétain très-imparfait, donnait, en latin, une traduction inintelligible d'un passage de quelques feuillets tibétains trouvés par les Russes lors du sac d'Ablaï-Kit, et envoyés par Pierre le Grand à l'Académie des inscriptions et belles-lettres. Ce texte, gravé en 1722 à Leipzig dans les *Acta eruditorum*, et la prétendue traduction de Fourmont reproduite par Bayer, ne firent guère connaître le tibétain, mais inspirèrent au moins le désir de l'apprendre. D'ailleurs, le système dont s'éprit le xviiie siècle, et en vertu duquel on se flatta de retrouver dans la Tartarie, et spécialement dans les montagnes du Tibet, les descendants directs du peuple primitif et le berceau de toutes les traditions religieuses, appela l'attention sur l'Asie centrale. Toutefois, au moins en ce qui concerne le tibétain, la science gagna peu à ce mouvement. Ce n'est pas qu'on fût précisément privé de tout moyen d'étude : les missionnaires qui s'établirent au Tibet dans le xviiie siècle et y résidèrent assez longtemps, fournirent beaucoup de renseignements précieux sur le pays, son état actuel, son histoire et sa langue. Malheureusement, ces matériaux furent mis en œuvre par des mains inhabiles. Le fatras dans lequel le P. Georgi, en composant son *Alphabetum tibetanum* (1762), noya les données exactes qu'il avait reçues des missionnaires, fit plus de tort à l'étude du tibétain que les parties utiles de son travail ne lui firent de bien. Néanmoins, il y avait là un élément nouveau apporté à la science. La relation du voyage de S. Turner répandit pour la première fois des notions vraies et des renseignements authentiques sur le Tibet. La traduction de cet ouvrage en français par Castera (1800), et la publication d'un recueil de voyages au Tibet, comprenant, avec des extraits des missions de Turner et de quelques autres agents européens ou indigènes du gouvernement anglais de l'Inde, celui du Père d'Andrada en 1625 (Paris, an IV), attestent l'intérêt qu'on prenait en France à ce pays et aux travaux qui avaient pour objet de le faire mieux connaître.

Pendant que les missionnaires italiens et les diplomates anglais arrachaient péniblement et peu à peu le voile qui couvrait ce mystérieux pays du Tibet, la science française et la science allemande, celle-ci mise, à certains égards, au service de la politique russe, recherchaient le passé et étudiaient la situation présente des peuples mongols. Les savants travaux de de Guignes, qui avait surtout employé les documents chinois, furent complétés par ceux que Pallas, aidé de plusieurs interprètes, exécuta *de visu*, après avoir parcouru le pays, observé les indigènes et recueilli les traditions sur le sol même où elles florissaient. Bergmann, par son précieux ouvrage sur les Kalmouks, branche occidentale de la race mongole, ajouta un appendice important aux travaux de Pallas. On avançait de plus en plus dans la connaissance et dans l'étude spéciale des peuples de l'Asie centrale.

Malgré ces progrès remarquables, l'étude approfondie des idiomes, base nécessaire des travaux historiques vraiment solides, n'avait point encore été sérieusement entreprise. Elle fut tentée au commencement du siècle en France, où, dès l'abord, elle jeta un grand éclat. Klaproth, en fixant sa résidence à Paris, contribua sans doute à cette direction donnée aux études; mais un esprit distingué, tout français, et qui unissait les qualités de l'écrivain élégant et de l'homme de goût à celles de l'érudit, Abel Rémusat, y apporta le tribut de ses laborieuses et fécondes recherches. Pendant que Klaproth, par une série de mémoires, de discussions et d'articles critiques, éclaircissait un grand nombre de points de l'histoire, de la géographie, de la linguistique de l'Asie centrale, en particulier les questions concernant les Ouïgours, Abel Rémusat, dans son important ouvrage des *Recherches sur les langues tartares* (1820), posait, en quelque sorte, les bases de la nouvelle étude. Ce grand travail, demeuré incomplet, puisque le deuxième volume constamment annoncé n'a jamais paru, a sans doute été dépassé, depuis que des grammaires et des dictionnaires ont donné la clef des langues dont Abel Rémusat n'avait pu tracer qu'une imparfaite esquisse, spécialement pour le mongol et le tibétain. Quoi qu'il en soit, et même quelques rectifications que les travaux ultérieurs obligent d'apporter aux assertions d'Abel Rémusat, on peut dire que le tableau tracé par lui des langues tartares est demeuré exact dans ses traits généraux : les distinctions qu'il établit, les règles qu'il pose, ont été justifiées par les recherches faites depuis. En déblayant cette portion du champ de la science des préjugés et des rêveries qui l'encombraient, en imprimant pour la première fois à cette branche d'études une direction vraiment scientifique, en donnant l'exemple de la méthode et de la critique qu'il était nécessaire d'y apporter, Abel Rémusat lui rendit les plus grands services. Il provoquait des travaux dignes de ceux qu'il accomplissait lui-même, et même plus parfaits que les siens, en raison des ressources qui lui avaient fait défaut, mais qui ne devaient pas manquer à d'autres.

Le même esprit d'initiation caractérise les *Mémoires* d'Abel Rémusat *sur les relations politiques des princes chrétiens et particulièrement des rois de France avec les empereurs mongols* (Paris, 1822, Mémoires de l'Académie des inscriptions et belles-lettres, tome VI, n. s.). En découvrant dans les Archives les deux lettres des khans de Perse Arghoun et Ældjaïtou, lettres qui sont les plus anciens monuments connus de la langue et de l'écriture mongoles, et dont il donna le *fac-simile* en même temps qu'il en publiait le texte et en essayait une interprétation générale, Abel Rémusat ne jeta pas seulement sur une portion intéressante de l'histoire une lumière inattendue ; il apporta à l'étude du mongol des matériaux importants. Le mongoliste Schmidt, de Saint-Pétersbourg, put bien, grâce à ses connaissances spéciales et aux ressources dont il disposait, revoir et compléter le travail d'Abel Rémusat sur ces deux lettres; la part du savant français n'en reste pas moins grande ni moins belle.

Une nouvelle impulsion fut vers le même temps donnée en France à ce genre de travaux par la fondation de la Société asiatique, instituée en 1822, et dont le règlement porte qu'elle se propose d'encourager, entre autres études, celle *des langues tartares et du tibétain*.

L'activité qu'on déployait en France ne fut pas sans influence sur les progrès de la science à l'étranger; les premiers cahiers du *Journal asiatique* nous entretiennent déjà des travaux de Is. Jac. Schmidt, qui préparait alors sa grande publication du texte mongol et de la traduction allemande de l'*Histoire des Mongols de l'est* par Sanang-Setsen. L'apparition de ce livre mongol, longtemps et impatiemment attendu (il ne fut publié qu'en 1829), fut un véritable événement. C'était le premier texte mongol qui eût été offert à l'examen des savants; on le salua avec enthousiasme. Mais s'il excita une satisfaction et une admiration légitimes, il provoqua aussi de sévères critiques de la part de Klaproth et même d'Abel Rémusat, à cause des déductions historiques que le traducteur avait cru pouvoir tirer des assertions de son auteur. On reconnut, non sans désappointement, que la valeur historique de l'ouvrage était médiocre; mais l'utilité qu'il présentait au point de vue philologique et littéraire était trop grande pour ne pas rallier tous les suffrages. D'ailleurs, si l'œuvre de Sanang-Setsen n'apportait guère de renseignements nouveaux et certains sur l'histoire du peuple mongol, elle en faisait au moins connaître l'esprit : elle démontrait d'ailleurs ce fait important, que les Mongols avaient puisé dans le Tibet leurs inspirations littéraires. L'histoire du Tibet, les légendes tibétaines bouddhiques, reviennent sans cesse dans le livre de Sanang-Setsen et attestent le lien étroit qui unit les Mongols aux Tibétains.

Précisément à la même époque, dans les années qui précédèrent et qui suivirent 1830, Csoma de Körös, après avoir étudié à fond la langue et la littérature tibétaines au fond d'un monastère d'une province himâlayenne, par conséquent dans le pays même (ce qui n'était encore arrivé à aucun de ceux qui avaient prétendu interpréter des textes tibétains), les révélait au monde savant: sa grammaire et son dictionnaire, publiés à Calcutta en 1834, laissent bien loin en arrière les élucubrations du Père Georgi, les vocabulaires insuffisants de Klaproth, l'exposé incomplet d'Abel Rémusat, et même le dictionnaire de Schrœter, publié en 1825 à Sirampore, et qui cependant marqua un progrès important dans ces études. On peut bien dire que Csoma de Körös fonda véritablement les études tibétaines: par plusieurs traductions, spécialement par des analyses, surtout par celle du Kandjour, publiée dans le tome XX des *Asiatic Researches*, il initia les savants d'Europe à la connaissance de cette portion des lettres orientales, et posa une base solide pour toute une série de travaux. Cette découverte, qui ouvrait aux études orientales un horizon nouveau, exerça une influence immédiate sur les travaux de Schmidt, et leur fit prendre une direction nouvelle. L'éminent mongoliste, qui avait ajouté à son histoire de Sanang-Setsen une grammaire et un dictionnaire mongols (1831-35), profita des ressources nouvelles qui s'offraient à lui pour se livrer sérieusement à l'étude du tibétain, dont il avait depuis longtemps compris la nécessité. C'est ainsi qu'il fut amené à publier à son tour une grammaire tibétaine en allemand et un dictionnaire tibétain-allemand plus complet que le dictionnaire tibétain-anglais de Csoma: il avait ajouté aux renseignements que lui fournissait Csoma ceux qu'il avait pu puiser aux sources mongoles. La publication d'un des principaux ouvrages du Kandjour, *Dsang-loun* (*Sage et fou*), dont la traduction mongole existe également, mais dont Schmidt donna seulement le texte tibétain, accompagné d'une traduction allemande (1842), couronna les travaux de ce savant philologue, qui, sous l'impulsion de circonstances favorables et par une sorte de nécessité, avait uni l'étude du tibétain à celle du mongol.

Les études mongoles et tibétaines continuèrent à prospérer en Russie : le musée asiatique de Pétersbourg s'était enrichi de collections des livres tibétains ; le mongol et le tibétain, s'éclairant l'un par l'autre, étaient éclairés à leur tour par le sanscrit. Parmi les ouvrages qui parurent alors, il faut citer le dictionnaire mongol-russe-français de Kowalewski (Kazan, 1844), dans lequel presque tous les termes mongols sont pourvus de leur signification en tibétain et en sanscrit. La langue sacrée de l'Inde était devenue le point central de toutes ces études, depuis que la découverte des livres bouddhiques du Népal avait fait reconnaître dans les livres sacrés du Tibet et de la Mongolie, aussi bien que de la Chine et de la Mandchourie, des traductions de ces mêmes écrits népalais. Il est inutile d'insister sur le parti que notre grand indianiste, Eug. Burnouf, a tiré des travaux de Schmidt et de Csoma, bien qu'il se fût renfermé dans l'étude du bouddhisme indien. Il alla même jusqu'à aborder l'étude du tibétain, et ses immortels travaux sur le bouddhisme en font foi. Aussi ne doit-on pas être surpris qu'un élève de Burnouf, M. Foucaux, ait fondé à Paris un cours de tibétain, et ait adopté une étude qui lui semblait indiquée par les travaux mêmes de son maître, et pour laquelle d'ailleurs des libéralités dignes du plus grand éloge, celles de la Société du Bengale et du baron Schilling de Canstadt, avaient assuré des ressources précieuses, très-suffisantes, bien qu'encore fort incomplètes, en dotant la Bibliothèque impériale d'une édition complète du Kandjour (donnée d'abord à la Société asiatique) et la Bibliothèque de l'Institut d'une collection de livres tibétains imprimés et manuscrits (donnée à M. Landresse). M. Foucaux adopta pour base de ses travaux le livre canonique sur la *Vie du Bouddha* (le *Lalitavistara*), celui de tous les ouvrages du Kandjour dont Csoma avait donné l'analyse la plus étendue, et qu'il importait le plus de connaître. Il publia le texte tibétain avec une traduction en français (1857-60).

Le même sujet occupait dans le même temps M. Schiefner, qui a publié, dans les Mémoires de Pétersbourg, une analyse très-étendue d'une vie du Bouddha, œuvre originale, mais composée avec des documents empruntés aux livres sacrés par un auteur tibétain du siècle dernier.

Depuis ce temps, les études mongoles et tibétaines n'ont pas cessé d'être cultivées en France, en Russie et même en Allemagne. Sans parler de la grammaire tibétaine publiée à Paris par M. Foucaux, pour mettre la langue à la portée des linguistes, et des études philologiques de M. Schiefner, M. Vassilef a entrepris sur le bouddhisme un vaste travail, dont les textes chinois et les textes tibétains sont la base et forment même, pour ainsi dire, le tissu. En Allemagne, M. Kœppen, sans avoir fait aucun travail original, a ajouté à son ouvrage sur le bouddhisme en général (*die Religion des Buddha*) un deuxième volume intitulé *Der Lamaismus* (Berlin, 1859), dans lequel il résume, avec une érudition très-sûre, très-variée et très-complète, toutes les données acquises par les travaux antérieurs sur le bouddhisme tibétain-mongol; et M. Émile Schlagintweit, frère de trois voyageurs célèbres, a publié dans ces dernières années divers travaux descriptifs, historiques, philologiques sur le Tibet, dans lesquels il a mis à profit les renseignements et les matériaux que ses frères lui ont fournis. En ce qui concerne le mongol, il faut noter, en Allemagne, la publication toute récente d'un recueil de contes en kalmouk (mongol de l'ouest), avec une traduction allemande et un glossaire dans lequel les formes grammaticales sont étudiées avec soin. En France enfin, l'auteur de ces lignes, élève de M. Foucaux, a repris le cours de tibétain, et déjà traduit et commenté plusieurs textes du Kandjour; il espère poursuivre ces études sur une plus vaste échelle, en donnant plus d'étendue et plus d'ensemble à ses travaux. Il a ajouté, comme complément naturel et presque indispensable au cours de tibétain, un cours de mongol. Il a même autographié pour ce cours un résumé de la grammaire mongole, qui n'a pas, par lui-même, une très-grande valeur, puisqu'il est tiré de la grammaire de Schmidt, mais qui peut au moins intéresser par la nouveauté d'une publication de ce genre en France.

Malgré la diversité des idiomes, l'étude du mongol et celle du tibétain sont unies l'une à l'autre par un lien en quelque sorte nécessaire. Il en est à peu près de toutes deux comme du mandchou et du chinois. La conquête matérielle de la Chine par les Mandchous, l'influence intellectuelle et morale exercée par la civilisation chinoise sur les conquérants, ont uni étroitement les deux peuples et les deux littératures : les livres chinois ont été traduits en mandchou avec une fidélité scrupuleuse, servile même ; et les traductions mandchoues, par leur exactitude littérale, sont d'un puissant secours pour l'interprétation des textes chinois. Semblablement, si d'une part les Tibétains ne sont point sous la domination temporelle des Mongols, comme les Chinois sous celle des Mandchous ; si d'autre part le mongol ne prête pas au tibétain le secours spécial que le mandchou prête au chinois, il est cependant positif que les Tibétains sont les instituteurs, les chefs spirituels des Mongols ; les grands lamas du Tibet sont plus vénérés en Mongolie que dans leur propre pays ; les prêtres bouddhistes de la Mongolie étudient le tibétain plus qu'ils ne font leur propre langue ; en un mot, l'éducation littéraire, morale, religieuse des Mongols est entièrement tibétaine. On conçoit quel intérêt il y a à étudier simultanément deux littératures dont l'une ne nous présente que des livres traduits ou imités des ouvrages qui constituent l'autre.

Parmi les questions historiques qui rentrent dans le domaine des études tibétaines, mongoles et même chinoises, il importe de citer celle de l'alphabet carré de Phag-pa, alphabet d'origine tibétaine, inventé au XIIIe siècle, et appliqué au mongol et même au chinois, et celle de l'alphabet ouïgour primitivement adopté et conservé par les Mongols. Cette question, qui intéresse la numismatique et l'archéologie autant que la philologie et l'histoire, puisque des médailles, des monnaies, des diplômes sur métal (*paize*), ont été, surtout dans les derniers temps, les principaux éléments qui ont permis de l'étudier avec fruit, a préoccupé Pallas, Klaproth, Abel Rémusat, M. de Gabelenz. Des monuments découverts récemment ont servi de base à divers travaux, à des discussions, même à des débats scientifiques, à Batavia, Shang-haï, Pétersbourg, Paris. Il est à remarquer que, par une heureuse fortune, c'est en France que ces travaux épars ont été, pour ainsi dire, centralisés, et en lisant les mémoires de MM. Pauthier de Paris, Wylie de Shang-haï et Grigorief de Pétersbourg, publiés dans notre *Journal asiatique*, de 1860 à 1862, on peut juger des progrès qu'a faits cette question depuis Abel Rémusat. Ce changement donne l'idée de tous les autres qui se sont accomplis dans l'ensemble des études tibétaines et mongoles.

On voit par cet exposé que la part de la France a été grande et importante; elle a souvent eu l'initiative, et a produit des travaux qui ont marqué dans la science. Des obstacles matériels, notamment l'insuffisance des textes et des instruments de travail, n'ont pas permis à ces études d'y acquérir le développement et la perfection qu'on eût pu souhaiter; elles ont cependant été poussées aussi loin peut-être que le comportait la situation : la littérature tibétaine, en particulier, y a été cultivée avec un certain éclat et avec un zèle d'autant plus digne d'éloges qu'il est plus désintéressé et procède du seul désir de contribuer au progrès des connaissances, d'étendre le champ de l'histoire et de la philosophie.

ÉTUDE DU SANSCRIT,

DU ZEND, DU PÂLI.

ET

GRAMMAIRE COMPARÉE DES LANGUES INDO-EUROPÉENNES.

ÉTUDE DU SANSCRIT,

DU ZEND, DU PÂLI,

ET

GRAMMAIRE COMPARÉE DES LANGUES INDO-EUROPÉENNES.

Au moment où nous prenons ce résumé des vingt-cinq dernières années, les études sanscrites étaient représentées en France par un homme supérieur dont le nom, qui n'a pas cessé de grandir, durera autant que ces études elles-mêmes. De la carrière d'Eugène Burnouf nous n'avons à retracer ici que la seconde moitié; mais les ouvrages dont elle est marquée se rattachent à des travaux antérieurs, qu'il faudra au moins rappeler brièvement.

Quoique le sanscrit, soit comme objet direct de ses recherches, soit comme instrument de ses découvertes, forme en quelque sorte le point d'attache de tous ses écrits, on peut établir dans l'œuvre d'Eugène Burnouf trois divisions principales : il s'est partagé entre la Perse ancienne, l'Inde bouddhique et l'Inde brahmanique. En outre, sans faire de la grammaire comparée l'objet spécial d'aucun de ses livres, il a mis en lumière la méthode et il a étendu le domaine de cette science, par les grandes applications qu'il en a faites.

Dans son *Commentaire sur le Yaçna*, Burnouf avait ouvert la voie à l'interprétation des livres zends. Il avait déterminé la valeur des lettres de l'alphabet, constitué la grammaire et commencé le vocabulaire de la langue iranienne. Avec une ampleur de développement qui est à la fois un enseignement et un moyen de contrôle pour le lecteur, il l'avait fait assister à son travail et lui avait montré par quels procédés d'induction et à l'aide de quels secours il était arrivé à ses découvertes. Une fois la route tracée et les principes établis, le même détail n'était plus nécessaire. Aussi le second et dernier ouvrage publié par Burnouf sur la littérature sacrée des Parses a-t-il un caractère différent du premier : au lieu d'un commentaire perpétuel, il nous présente une série de monographies. Moins célèbres que le Commentaire sur le Yaçna, les *Études sur la langue et les textes zends* [1] sont peut-être encore d'une plus haute valeur. Elles éclaircissent une partie des dogmes de Zoroastre, en marquent les traits de ressemblance avec les premières croyances de l'Inde et fixent les rapports exacts de la langue iranienne avec le sanscrit le plus antique. La mort a interrompu cette belle série de mémoires, de même qu'elle n'a pas permis à l'illustre savant de mettre la dernière main à son dictionnaire zend, dont le manuscrit en trois volumes in-folio est resté inédit.

Une autre suite d'études depuis longtemps entreprises par Eugène Burnouf avait trait au bouddhisme. Il s'en était occupé dans son premier écrit et il y consacra ses deux derniers grands ouvrages. Dans son *Essai sur le pâli,* publié en collaboration avec M. Lassen, il avait montré la filiation et esquissé l'histoire de cet idiome. Il avait prouvé que le pâli, langue sacrée et savante, employée par les sectateurs du Bouddha à Ceylan, au Birman, à Siam, était dérivé du sanscrit, et que, parlé encore à Ceylan au v° siècle de notre ère, il avait été transporté, en même temps que la religion du Bouddha, dans les pays si divers où on le retrouve aujourd'hui. Depuis ce premier essai, Burnouf n'avait pas cessé d'amasser en silence de nouveaux matériaux et de compléter la connaissance encore imparfaite qu'il avait du bouddhisme. Aussi se trouva-t-il prêt, quand une occasion inespérée vint singulièrement élargir le champ de ses travaux.

---

[1] Paris, 1840-50. Ces études avaient paru par morceaux détachés dans le *Journal asiatique.* Elles furent ensuite réunies en volume.

On savait depuis longtemps que le bouddhisme ne s'était pas moins répandu au nord qu'au midi de l'Inde : on l'avait trouvé établi en Chine, au Thibet, chez les Mongols. Tous ces peuples avaient traduit dans leurs langues les livres sacrés de la religion qu'ils avaient adoptée ; mais, si précieuses que fussent ces traductions, elles ne pouvaient tenir lieu des textes originaux qui, on le pressentait, avaient dû être rédigés en sanscrit. On les pouvait croire perdus pour toujours, quand M. Hodgson, résident anglais à la cour du Népal, eut la gloire de les découvrir dans les monastères de cette contrée. Avec une libéralité qu'on ne saurait trop reconnaître, il envoya à la Société asiatique de Paris la copie de quatre-vingt-huit manuscrits sanscrits renfermant les livres canoniques et ce qu'on pourrait appeler la Bibliothèque des Pères du bouddhisme.

C'est sur ces matériaux qu'Eugène Burnouf se mit à l'œuvre. Il publia en 1844 le premier volume (le seul qui ait paru) de son *Introduction à l'histoire du bouddhisme indien*[1]. Il y donne l'analyse et la critique des livres du Népal, les répartit entre les sectes qu'ils représentent, expose la doctrine qu'ils renferment et fixe la date des conciles auxquels ils se rapportent. Le second volume devait contenir un travail parallèle sur les livres provenant de Ceylan, du Birman et de Siam ; il devait présenter en outre la comparaison des deux collections du nord et du midi, qui appartiennent à des rédactions différentes ; il devait enfin retracer l'histoire des origines du bouddhisme. Ainsi une religion qui, depuis plus de vingt-trois siècles d'existence, a produit un nombre presque infini de sectes et de doctrines divergentes, et qui, chassée de son pays natal, s'est propagée dans la plus grande partie de l'Asie, aurait été étudiée dans ses principaux documents, provenant des contrées les plus éloignées, et aurait été ramenée à son unité primitive.

Avant de publier le second volume de son *Introduction à l'his-*

---

[1] Paris, Imprimerie royale, 1 vol. in-4°.

toire du bouddhisme, l'auteur voulut faire connaître au public le texte d'un des livres sacrés du Népal. Dans cette intention, il avait choisi le *Lotus de la bonne loi*, l'un des plus importants soûtras bouddhiques; à sa traduction il ajouta vingt et un mémoires, dont quelques-uns examinent des points essentiels dans l'histoire de l'Inde. Il faut au moins citer le mémoire où il propose une interprétation nouvelle des inscriptions du roi Asoka, chef-d'œuvre de science solide et sagace. Le *Lotus de la bonne loi* parut seulement après la mort d'Eugène Burnouf[1]. Par l'immense quantité de matériaux relatifs au bouddhisme du sud, par les nombreuses traductions d'ouvrages singhalais et birmans qu'on trouva dans ses papiers, on peut mesurer l'étendue des recherches que la mort a interrompues.

C'est par la comparaison du sanscrit qu'Eugène Burnouf avait fait revivre le pâli et le zend. Aussi ne perdit-il jamais de vue, au milieu de ses autres travaux, la littérature brahmanique, qui nous présente la langue sanscrite dans sa forme la plus pure. Comprenant que, pour avancer l'intelligence de cet idiome, rien n'était plus urgent que la publication des textes, il entreprit l'édition et la traduction du plus étendu et du plus populaire des poëmes cosmogoniques de l'Inde, le *Bhâgavata pourâna*[2]. C'est un vaste recueil de légendes poétiques, philosophiques et religieuses, reste de tous les âges et témoin de toutes les transformations qu'ont traversées les doctrines brahmaniques. Quoique ce poëme, comme tous les autres du même genre, semble absolument étranger à l'histoire, il est lui-même un document historique de la plus grande valeur : car les pourânas peignent l'état d'esprit qui a produit la

---

[1] Paris, Imprimerie nationale, 1852, 1 vol. in-4°.

[2] Le *Bhâgavata pourâna* ou *Histoire poétique de Krichna*, 1840-47, 3 volumes in-folio faisant partie de la Collection orientale. Le dixième livre de ce grand poëme, dont la publication est restée inachevée, a été traduit d'après l'hindoui par M. Th. Pavie. M. Hauvette-Besnault a donné, d'après le texte sanscrit, la traduction d'un célèbre épisode du même livre.

civilisation indienne, sur laquelle ces compositions, lues ou connues de tous les Indous, ont à leur tour influé profondément. Dans les préfaces insérées en tête du premier et du troisième volume, Eugène Burnouf discute avec une sûreté et une hauteur de vues incomparables quelques-unes des questions qui se rattachent à ce poëme. Il va rechercher jusque dans les *Védas* l'origine des dieux et le germe des légendes brahmaniques, et en nous retraçant leurs modifications successives, il nous présente en raccourci l'histoire de la pensée indienne.

Ce n'est pas assez d'avoir caractérisé les principaux ouvrages d'Eugène Burnouf : il nous faut encore montrer la part qui lui revient dans les progrès de la grammaire comparative. Il a fait entrer le pâli et le zend dans la famille des langues indo-européennes. Il a démontré que le pâli, à peine connu de nom avant lui, se rattache au sanscrit par des liens de même nature, quoique plus étroits encore, que ceux qui unissent l'italien au latin. Il a de même établi les lois qui permettent de trouver sous chaque forme zende la forme sanscrite correspondante. La certitude de ces lois reçut une éclatante confirmation, quand la publication des textes védiques vint prouver un peu plus tard que certaines formes sanscrites, qu'il avait restituées par conjecture d'après l'analogie du zend, s'étaient réellement conservées dans ces antiques documents.

Nous n'aurions pas donné une idée complète de l'influence exercée par Eugène Burnouf sur les études indiennes, si nous ne disions ici quelques mots de son enseignement. Les textes les plus difficiles, accompagnés des gloses des commentateurs indigènes, formaient le sujet habituel de ses leçons. Mais ce qui a laissé surtout dans l'esprit de ses auditeurs un souvenir ineffaçable, c'est son explication des *Védas*, alors à peine connus et dont il fut le premier à comprendre l'importance capitale. A l'abondance de vues, à la connaissance exacte des moindres détails, à la prudence de méthode qui distinguent ses ouvrages, il joignait dans ses leçons la vie et la chaleur que donnent la parole, l'accent et le geste.

Autour de sa chaire du Collége de France, Eugène Burnouf a vu réunis des disciples qui continuent aujourd'hui son enseignement dans tous les pays de l'Europe : à Oxford comme à Turin, à Tubingue comme à Copenhague, d'éminents professeurs se font gloire du titre d'élèves d'Eugène Burnouf. Il a exercé durant sa vie une sorte de royauté incontestée sur la science, et sa mort a laissé en Europe un vide qui n'a pas été comblé.

Comme Eugène Burnouf l'avait pressenti, les études sanscrites convergent de plus en plus vers les *Védas*. C'est là en effet le point de départ et le nœud de la civilisation indienne : croyances religieuses, rites, philosophie, science, poésie, institutions, tout découle de là ou y a été rapporté avec art. Mais l'interprétation de documents qui sont si loin de nous, par les idées encore plus que par la langue, est sujette à de grandes difficultés. Aussi ne faut-il pas s'étonner si une première tentative de traduction, comme celle de M. Langlois [1], n'a pas surmonté tous les obstacles, ni résolu tous les problèmes. C'est seulement après de longs travaux préparatoires qu'on pourra espérer d'arriver à l'intelligence complète d'un texte aussi difficile.

Heureusement les Indous nous ont eux-mêmes facilité cette tâche : ils ont composé un grand nombre d'ouvrages destinés à expliquer et à commenter les *Védas*. Au premier rang il faut placer des traités grammaticaux appelés *Prâtiçâkhyas*, qui sont peut-être les plus anciens travaux de grammaire qui aient été exécutés dans le monde. C'est le plus important de ces écrits, celui qui se rapporte au *Rig-Véda*, que M. Adolphe Regnier, s'avançant dans une voie inexplorée avant lui, a publié, traduit et commenté [2]. Son ouvrage est un modèle de critique pénétrante et sûre, et il a servi en effet de mo-

---

[1] *Rig-Véda* ou *Livre des hymnes*, traduit du sanscrit. Paris, 1848-51, 4 vol. gr. in-8°.

[2] *Études sur la grammaire védique. Prâtiçâkhya du Rig-Véda*, 1857-59, 3 volumes, publiés d'abord par articles dans le *Journal asiatique*.

dèle à plusieurs travaux analogues publiés depuis par d'autres savants. Dans un second ouvrage, M. Adolphe Regnier soumet quelques hymnes du *Rig-Véda* à une analyse grammaticale rigoureuse, et il nous donne le résultat de ses observations sur un sujet encore à peine étudié, la syntaxe sanscrite [1].

Les recherches relatives aux *Védas* n'ont pas fait oublier le reste de la littérature indienne. Dans cet immense ensemble d'ouvrages de toute nature, l'histoire seule semble faire défaut. Cependant il existe une chronique des rois du Kachmir qui, à côté de traditions fabuleuses, contient le récit d'événements authentiques. Sous le patronage de la Société asiatique, M. Troyer a donné le texte et la traduction française de ce livre [2].

Si l'histoire n'est que faiblement représentée dans la littérature sanscrite, l'épopée a donné naissance à des compositions si gigantesques, que pendant longtemps on a dû se contenter d'en faire connaître des épisodes. M. Théodore Pavie et M. E. Foucaux ont traduit des fragments du *Mahâbhârata*. Mais le dévouement de M. Hippolyte Fauche ne s'est laissé effrayer ni par la longueur, ni par la difficulté de la tâche; après avoir interprété tout le théâtre de Kâlidâsa, après avoir transporté en français le *Râmâyana* tout entier, il a entrepris de nous faire connaître l'immense composition du *Mahâbhârata*: sept volumes de cette traduction sont déjà terminés [3].

Un travail de cette nature intéressera surtout l'historien. C'est plutôt au littérateur que s'adressent MM. Émile Burnouf, de Dumast, Eichhoff, Lancereau, Parisot, Pauthier, Sadous, qui ont donné de nouvelles traductions de quelques ouvrages ou épisodes célèbres. Pour faciliter l'accès de la langue sanscrite, des grammaires ont été rédigées par MM. Émile Burnouf et Leupol, Des-

---

[1] *Étude sur l'idiome des Védas et les origines de la langue sanscrite*, 1855.

[2] *Râdjatarangini*, ou *Histoire des rois du Kachmir*, publiée en sanscrit et traduite en français par M. Troyer. Paris, 1840-52, 3 volumes.

[3] Le *Mahâbhârata*, 1863-67, Paris, Durand.

granges, Oppert et Rodet. Un dictionnaire sanscrit-français et une chrestomathie sanscrite ont été publiés à Nancy par MM. Émile Burnouf et Leupol.

En résumé, les études sanscrites, quoique cruellement atteintes par la mort d'Eugène Burnouf, n'ont pas cessé de gagner en étendue, sinon toujours en profondeur, dans notre pays. La belle collection de manuscrits bouddhiques formée à Ceylan par M. Grimblot, et récemment acquise par la Bibliothèque impériale, donnera, il faut l'espérer, un nouvel essor aux recherches sur la littérature pâlie, à peu près délaissée depuis quinze ans.

GRAMMAIRE COMPARÉE DES LANGUES INDO-EUROPÉENNES.

La découverte du sanscrit, en nous montrant dans cet idiome le proche parent des idiomes de l'Europe, a fait naître la grammaire comparée des langues indo-européennes. Peu de recherches ont pris un accroissement aussi rapide : créée il y a un demi-siècle, la philologie comparative est enseignée aujourd'hui dans tous les pays de l'Europe ; elle a ses chaires, ses livres, ses journaux, ses sociétés spéciales ; elle a introduit des idées nouvelles sur l'origine et le développement des idiomes, modifié profondément l'ethnographie et l'histoire, transformé les études mythologiques et éclairé d'un jour inattendu le passé de l'humanité.

A cet ordre de recherches se rapportent divers travaux de MM. Bergmann, Bréal, Chavée et Eichhoff, ainsi que le grand ouvrage de M. Pictet, où il restitue, par des rapprochements de linguistique, l'histoire sociale, intellectuelle et morale des ancêtres de la race indo-européenne.

La condition de ces belles études, c'est l'analyse exacte et minutieuse des idiomes indo-européens, telle qu'elle a été présentée pour la première fois, avec une finesse et une profondeur singulières, dans le grand ouvrage de M. Bopp. Ce livre, devenu classique, sera bientôt transporté tout entier en français, avec quelques modifications extérieures qui en rendront la lecture plus commode et plus facile[1]. Le traducteur, M. Michel Bréal, joint à chaque volume des préfaces qui résument les principaux chapitres, en montrent l'enchaînement et permettent de prendre des vues d'ensemble. Cet ouvrage sera certainement pour la France, comme il l'a été pour l'Allemagne, le point de départ de nouvelles recherches. Une *Revue de linguistique et de philologie* est publiée à Paris depuis 1867. Une autre Revue, organe de la Société de linguistique, est sur le point de paraître.

Circonscrite dans un champ plus étroit et appliquée seulement à nos langues classiques, la grammaire comparée est encore appelée à rendre de grands services : car en nous révélant la parenté du grec et du latin avec le sanscrit, elle nous a appris à mieux observer les rapports du latin avec le grec, et elle nous a donné des idées plus justes sur l'origine et l'histoire de ces idiomes. C'est en Allemagne, où la philologie classique avait admirablement préparé le terrain, que ce genre d'études a jusqu'à présent porté le plus de fruits. Cependant la France n'y est pas restée étrangère. M. Adolphe Regnier a publié un traité sur la formation et la composition des mots, où le grec est constamment rapproché du sanscrit, du latin et de l'allemand[2]. MM. Weil et Benlœw ont éclairé la théorie de l'accentuation latine par la comparaison de l'accentuation sanscrite[3]. A ces livres on peut ajouter les *Notions élémentaires de grammaire comparée* de M. Egger, plus spécialement destinées aux classes[4]. Enfin M. Baudry a commencé la publication d'une gram-

---

[1] *Grammaire comparée des langues indo-européennes comprenant le sanscrit, le zend, l'arménien, le grec, le latin, le lithuanien, l'ancien slave, le gothique et l'allemand*, par M. François Bopp, traduite par M. Michel Bréal. Paris, Imprimerie impériale, 1866.

[2] *Traité de la formation des mots dans la langue grecque, avec des notions compa-* ratives sur la dérivation et la composition en sanscrit, en latin et dans les idiomes germaniques, 1855.

[3] *Théorie générale de l'accentuation latine*, 1855.

[4] *Notions élémentaires de grammaire comparée, pour servir à l'étude des trois langues classiques*. Sixième édition, 1865.

maire comparative du sanscrit, du grec, du latin et des langues germaniques. Nous pouvons donc espérer que cette science ne tardera pas à pénétrer, autant qu'il est juste et utile, dans notre enseignement classique, et qu'elle y apportera, avec une méthode rigoureuse et des résultats nouveaux, un redoublement de féconde activité.

FIN.

TABLE DES RAPPORTS.

Lettre à S. Exc. M. le Ministre de l'Instruction publique..............
Exposé de l'état actuel des études égyptiennes................ 1
Exposé historique du déchiffrement des écritures cunéiformes........ 63
Rapport sur les progrès des études sémitiques................ 87
Rapport sur la langue et la littérature arabes................ 117
Appendice sur la littérature persane................ 143
Exposé des progrès des études arméniennes................ 149
Exposé historique des études chinoises, tibétaines et mongoles........ 175
Langue et littérature chinoises................ 177
Langues et littératures tibétaines et mongoles................ 191
Étude du sanscrit, du zend, du pâli, et grammaire comparée des langues indo-européennes................ 201